小山評定の群像

関ヶ原を戦った武将たち

産経新聞社宇都宮支局［編］

随想舎

小山評定の群像

関ヶ原を戦った武将たち

目次

第五部　徳川家の親藩・譜代大名たち

凡例

- 本書は、産経新聞栃木県版に二〇一三年四月一三日から二〇一五年一二月一九日まで連載された「小山評定の群像」を再構成したものである。
- 本書では原稿はほぼ新聞掲載のままとしたが、一部を修正している。登場人物の肩書きは掲載日当時から変えていない。また、「今年」「昨年」などの表記も「二〇〇八年」など具体的な年とした。
- 本文中、洋数字を使用したところは、読みやすいように和数字に改めた。写真のキャプションなどは、洋数字のままとした。

小山評定の群像　関ヶ原を戦った武将たち

はじめに

一六〇〇（慶長五）年の夏。小山に戦国武将が勢ぞろいした。徳川家康が率いる上杉景勝を討つ会津討伐軍に大勢の武将が参加していた。そこに、景勝に呼応して、石田三成挙兵の知らせが入る。このまま、会津へ向かうべきか反転して三成を討つべきか。参加武将がほぼ一致して三成を討つと決めた軍議が「小山評定」だ。関ヶ原の戦いへつながり、家康が江戸幕府を開く第一歩となった。

小山市は、この歴史ドラマを前面に出して「開運のまち」とアピールしている。一〇月には、再現劇を交えた「おやま開運まつり」を開催。その舞台となる市中心部は古くからこの地域を支配していた小山氏の居城、祇園城があり、落城後の城跡が小山評定が行われた場所とみられている。

家康はこの評定で数多くの味方を得ることに成功、関ヶ原の勝利に結びつける。特に、家康を関東に追いやった上、大坂までの東海道に子飼いの武将を配置した豊臣秀吉の対家康防衛ラインを戦わずして突破、逆に味方にしてしまったのは大きな成果の一つだ。

一方、参加武将の大半は豊臣恩顧の大名。家康に味方することが豊臣家を守ることになるのか、時代の流れに乗って忠誠の対象を豊臣家から徳川家へ替えるべきなのか。悩んだり、悩まずあっさり乗り換えたり、うまく立ち回ったり。生死がかかった真剣勝負だからこそ、悲劇もあれば滑稽なドタバタ喜劇もある。

そんな一人一人が主役である群像劇。小山市が刊行した『小山評定武将列伝』などを参考に、小山評定に参加した武将、参加しなかった武将の姿を見ていきたい。

［二〇一三年四月六日］

第一部　豊臣家の大名たち

筒井定次（上）

謎多い「日和見」順慶の跡継ぎ

「お味方申す」。大半の武将に続き、筒井定次が徳川家康支持を宣言したのは、ほとんど最後だった。そのとき「日和見ではあるまいな」。大きな声が聞こえ、どっと笑いが起こり、殺気立っていた評定の場が一気に和んだ――。勝手な想像である。評定の詳細は知られていない。

定次の知名度は低いが、個人的興味を優先させ、最初に取り上げた。一五年後の悲劇的な末路は徳川家との関係を含め、かなりミステリアスだ。

「洞が峠の日和見」で有名な筒井順慶《じゅんけい》の跡継ぎである。本能寺の変（一五八二年）で織田信長を倒した明智光秀と、信長の敵を討つとして挑んだ羽柴秀吉との決戦で、峠の上から戦況を眺め、勝ちそうな方に味方しようとしたというのが、洞が峠の日和見。だが、これは後世の作り話であり、史実ではない。大一番で中立を保った態度が誇張され、臆病や優柔不断の見本のように後々まで語り継がれた。

初代上野城主筒井定次公肖像（伊賀文化産業協会提供）

日和見、裏切りは日常茶飯事の時代。「どちらに付くのか」注目された天下分け目の大一番での態度だっただけに過度に評判になり、「あれに比べれば」と自分のせこさを慰めた武将も多かったのではないか。だが、順慶の中立は冷静に自家の保全を考えた正常な判断といえる。順慶は二年後に世を去ったせいもあり、言い訳を残していないのも潔い。

定次は順慶のいとこであり養子。順慶を支えた島左近とそりが合わなかったとされ、左近は筒井家を離れ、その後、石田三成に仕官。関ヶ原で敵味方に分かれて戦うことになる。左近追放の要因は新参の家臣・中坊秀祐《なかのぼうひですけ》の重用。この後も定次の災いの種となる。次回に続く。

［二〇一三年四月一三日］

◆筒井定次〈つつい・さだつぐ〉　一五六二～一六一五年。関ヶ原の戦い後は伊賀二〇万石安堵。

筒井定次(下)

徳川家の不自然な筒井潰し

小山評定で徳川方・東軍に属することになった筒井定次。筒井軍は兵三千に満たない、それほど大きくない部隊だったが、関ヶ原では西軍主力を正面に引き受ける最前線の一翼を担い、激戦の中で戦った。養父・筒井順慶の「洞が峠の日和見」は後世の作り話だが、羽柴秀吉と明智光秀の「山崎の戦い」を前に、冷静な判断で中立を保った順慶のような主体性は許されない時代になっていたのだろうか。

だが、関ヶ原での奮闘にもかかわらず、八年後に改易。島左近ら旧来の家臣が離れてしまうほど重用していた家臣・中坊秀祐《なかのぼうひですけ》が徳川家康に定次の素行の悪さを訴え出たとされる。酒色、鹿狩りに溺れ、失政が続いたという。さらに大坂冬の陣での豊臣方への内通を疑われ、一六一五年、嫡男とともに切腹。いずれもでっち上げであろう。中坊はその後、幕臣に転じた。徳川方からスパイとして送り込まれたんじゃないか。筒井ファンとしては疑いの目を向けたくなる。

幕府を脅かす勢力でもなく、豊臣恩顧の大名の中でもそれほど結び付きが強いとも思えない筒井家を警戒、揚げ句に取り潰す必要があったのか。山崎の戦いで協力しなかった明智方に恨まれるなら分かるが、徳川家に明智関係者はいないし……。

注目すべきは家康側近の僧・天海＝光秀説だ。実は生きていた光秀が執念で筒井家を追い詰めたか。いや、徳川家に明智関係

筒井定次の養父・筒井順慶の肖像画「絹本著色筒井順慶像」(伝香寺蔵)

者はいた。三代将軍・家光の乳母は光秀の家老・斎藤利三の娘・お福（後の春日局）だ。天海と春日局が結託して……。想像の羽を伸ばすときりがない。

［二〇一三年四月二〇日］

◆筒井定次ひとくちメモ　養父・順慶は僧でもあり、文化面に造詣が深い教養人と評価されている。一方、定次はキリシタン大名でもあり、軍学に明るく、秀吉が天下統一する過程で数多くの戦いに参戦、数々の武功があったとされる。

福島正則

悩み抜いた？ 家康支持表明

「妻子を人質に取られている方もおろう」。参集した武将を前に徳川家康は上方で挙兵した石田三成に味方しても恨まないと言った。「遠慮なく申し出られよ」

そのとき、「内府殿（家康の官職）にお味方致す」。真っ先に福島正則の大声が響いた。関ヶ原で奮戦、東軍勝利の立役者だが、小山評定の流れを決めた功績も大きい。家康に天下を取らせ、同時に豊臣家の滅亡につながった。直情的で、ときに粗暴な人物に描かれてしまう正則だが、小山では悩み抜いて決断したのかもしれない。

豊臣秀吉の縁者で幼少より小姓として仕え、育てられたともいえる秀吉子飼いの武将。豊臣家への忠誠心は厚い。小山評定では、その正則が真っ先に家康支持を表明したことで諸将も一斉に続いた。

それこそが徳川家康が描いたシナリオ。黒田長政を使った懐柔工作で〝三成嫌い〟の正則を誘導、「豊臣家の敵は〝獅子身中の虫〟三成」と思わせ、評定で主導的役割を担わせるという流れだ。

だが、正則は他の諸将同様、豊臣家の真の敵が家康であることは直感的に分かっていたのではないか。最大実力者の家康の上に立つのは名目上の主家・豊臣家だけ。豊臣家を仕切る三成を倒せば、時代は変わる……。

福島正則公肖像（菊泉院蔵）

分かっていても三成に味方する気にはなれないし、大名として自家存続の計算もあったのではないか。負ける方に味方するわけにはいかない。

豊臣家衰退につながった自身の行動に後悔はあったのか。幕府に終始警戒されていたのは、それが態度に見て取れたのだろう。関ヶ原の大出世から一九年後、城の改築で難癖を付けられ、大減封の憂き目をみた。

［二〇一三年四月二七日］

◆福島正則〈ふくしま・まさのり〉　一五六一～一六二四年。関ヶ原の戦い後は尾張・清洲二四万石から安芸・備後四九万八〇〇〇石に加増。

黒田長政

戦場でも裏工作でも力量発揮

小山評定に参加した武将が一斉に徳川家康を支持したのは、福島正則が口火を切って流れを作ったことが大きいが、これをお膳立てしたのが黒田長政だ。

関ヶ原でも奮戦した実戦タイプの武将であり、父・黒田如水《じょすい》のような参謀型の武将ではないが、家康の意向を受けて正則説得などの裏工作を担うなど、小山評定前後では知謀も十分に発揮した。謀略に類することといってもいい。関ヶ原の土壇場で寝返った小早川秀秋への工作も進めていたといい、もうこうなると家康が家臣以上に信頼していたのではないかとさえ思える。

家康の家臣には、戦場でしぶとく戦う実戦型武将も多いが、参謀型人材もそろっており、スパイ部隊を率いる服部半蔵らもいるから、裏工作に何も豊臣恩顧の大名を頼らずとも……と思えるが、正則や秀秋ら豊臣大名に対しては、徳川家以外からのアプローチが必要だった。

長政の豊臣家への思いは並大抵でないはずだ。父の裏切りを疑った織田信長が、豊臣秀吉に少年時代の長政を殺せと命じたが、秀吉は一年間隠し通して結局、命が救われた。

成長した長政は自分が豊臣家を支えるという自負も強かった。だが、時代の変化の中で秀吉が重宝したのは戦闘に勝つ知略でなく、行政手腕がある側近・石田三成だった。

重要文化財・黒田長政像（福岡市博物館蔵）

長政は朝鮮出兵などで三成と反目。三成嫌いだったから東軍に属したというわけではないだろうが、戦闘能力と知略に自信を持ち、活躍の場を豊臣から徳川へ時代が変わるときと見極めたのではないか。父も秀吉が最も勢いある時代に活躍した。タイプは違うが、親子に共通していたのは先を読む能力だった。

［二〇一三年五月一一日］

◆黒田長政〈くろだ・ながまさ〉　一五六八～一六二三年。関ヶ原の戦い後は豊前・中津一二万五〇〇〇石から福岡五〇万二〇〇〇石に加増。

黒田如水

遠く九州で…隠居後も謀略家の顔

まだ、三人しか紹介していないのに小山評定に参加していない武将を登場させるのは気が引けるが、最初に「参加した武将、参加しなかった武将の姿を見ていきたい」としていたし、前回の黒田長政との関連で、その親、黒田如水に触れたい。関ヶ原の戦いは局地戦ではなく、日本列島の東西で展開された政権交代劇。勝敗の帰趨《きすう》は小山で決まり、如水は遠く九州で妙な動きをしていた。

如水は隠居後の号で、本来は黒田孝高《よしたか》。通称の「官兵衛」の方が通りがよく、竹中半兵衛（重治）とともに豊臣秀吉の軍師として活躍した。よく〝両兵衛〟と称される。二人は秀吉の重要な知恵袋だが、大名としての領地は小さく、半兵衛は「それなら他の者に」と高い報酬を辞退したとか美談で語られ、如水は「大軍を与えたら何をしでかすか」と秀吉にその知略を恐れられたとされる。真偽不明の話ではあるが、やや腹黒キャラが定着している。

黒田如水像（福岡市博物館蔵）

関ヶ原の戦いでは、黒田家の軍勢はほとんど長政が率いていったが、如水は浪人らを募って約九〇〇〇人の急造軍をこしらえ、九州で西軍方の城を攻撃した。天下取りにまさかの名乗り？　それとも「若い者にはまだまだ負けない」と戦略の才を見せつけたかったか。関ヶ原は一日で決着。大いに貢献した長政が「家康公はわが手を取って感謝され……」と報告すると、「それはどっちの手であった」「そのとき左手は何をしていた」。空いた左手で家康を刺せば……という示唆。謀略家としてのすごみを強調しているが、できすぎた逸話は大正時代の伝記に登場しており、多分作り話。戦いが決着したところで、なおも混乱を望むほど、先の見えない人物ではなかったはずだ。

［二〇一三年五月一八日］

◆黒田如水〈くろだ・じょすい〉　一五四六〜一六〇四年。播磨の小寺氏家臣から織田信長に従い、秀吉の参謀として頭角を現した。

山内一豊

したたか大胆提案で大出世

山内一豊の関ヶ原での功績は、南宮山に陣取った毛利の大軍を最後まで牽制《けんせい》、動きを封じたことだ。

東軍を取り囲むように布陣した西軍だが、三万三〇〇〇の大軍が動かなくては優位な陣形も効果なし。毛利勢の前に陣取り、大軍をブロックした一豊の功績大……なのだが、実は毛利勢の中で吉川広家が東軍に内応、ふもとの吉川勢が動かなければ、他の毛利勢も進路をふさがれ動けない。徳川家康は、ちゃんと手を打っていた。

一豊は関ヶ原後、大出世するが、ほとんど小山評定での功績といっていい。評定で一豊は「わが城をお使いくだされ」と提案した。一豊の城は東海道中の静岡・掛川。これに東海道筋に領地を持つ大名が「わが城も」と続き、家康は安全に西に向かうことができた。

そもそも一豊は、豊臣秀吉にその忠実さ、真面目さを買われて掛川の領地を任されていた。秀吉は、家康を東海から関東に領地替えさせ、なおもその西上に備え、通り道の東海道に最も信頼できる忠義者、律義者を並べた。何重もの対家康防衛ラインのはずだった。家康にとって、厚い壁を戦わずして突破でき、一豊への感謝の念は大きかったはずだ。

また、上方の情勢を伝える妻の手紙を未開封のまま家康に差し出したことも大きい。城の明け渡しとともに家康に対する忠誠心を明確にした。秀吉が若い頃から付き従っていた一豊だが、秀吉死後はきっぱりと割り切った。家康に味方するからには中途半端ではいけない。古参大名らしくしたたかさを発揮した。［二〇一三年五月二五日］

山内一豊肖像（土佐山内家宝物資料館蔵）

◆山内一豊〈やまうち・かずとよ〉　一五四五～一六〇五年。早くから豊臣秀吉に仕えた古参家臣。秀吉のおいで後継者・秀次（後に切腹）の宿老に任じられたこともあった。関ヶ原の戦い後は静岡・掛川六万八〇〇〇石から高知二〇万二〇〇〇石に加増。

堀尾忠氏

才気溢れる若武者、名案発案も

前回紹介した山内一豊は城を明け渡すという大胆な提案で徳川家康の歓心を得て大出世につながったが、もともと一豊の発案ではないという説がある。一豊にこのアイデアを披露したのが堀尾忠氏。だが、評定では一豊が先んじて提案した。ずるいなあ、一豊。少なくとも、新井白石は「藩翰譜《はんかんふ》」でそう指摘している。

諸大名について記した「藩翰譜」は小山評定の約一〇〇年後の書物で真偽不明だが、評定を前に親しい大名同士、相談していたというのはあり得ることだ。石田三成の挙兵は耳に入っており、家康からの招集を受けて、「いよいよ決戦か」「どう対応すれば……」と不安と緊張が高まる。他人の出方も知りたい。

忠氏と一豊の関係はというと、忠氏の父・堀尾吉晴と一豊は若い頃から豊臣秀吉を支えた、いわば戦友。講談とかだと、吉晴は茂助と呼ばれた若者時代、岐阜・稲葉山城を攻める秀吉を道案内し、秀吉の馬印「千成り瓢簞《ひょうたん》」のエピソードとともに登場する。秀

堀尾忠氏公肖像画（春光院蔵）

吉との関係はそれほど古いが、このときは隠居しており、小山に来たのは嫡子・忠氏だった。

忠氏は居城献上のアイデアをみても才気走ったところがある。若者らしい自信を持って評定に臨んだはずだ。だが、親と同世代の古参大名や歴戦の先輩武将が並び、やや殺気立った異様な雰囲気にのまれたか。場数を踏んできた一豊に役目を譲ったとしても仕方ないところだ。

結果的には一豊に劣らない出世を果たした。本領発揮はこれからだった。松江城建設地選定など松江藩の土台づくりを手がけたとき、若くして急死したのが惜しまれる。

［二〇一三年六月一日］

◆堀尾忠氏〈ほりお・ただうじ〉　一五七七～一六〇四年。一五九九年に父・吉晴から家督を譲られ、関ヶ原の戦いの前哨戦などで武功を挙げる。関ヶ原の戦い後は静岡・浜松一二万石から松江二四万石に加増。

中村一忠

「徳川支持」父親死に際の決断

戦国を生き抜いた古参大名や今の世にも名が残る歴戦の人気武将らオールスター戦のような顔ぶれが並んだ小山評定だが、前回の堀尾忠氏のように二〇代の青年大名もいた。さらに一〇歳で家督を継いだばかりの中村一忠は現代の感覚でいえば子供だ。それでも、この少年は一四万五〇〇〇石の当主であり、そもそも、徳川家康をはじめ居並ぶ全ての大名の主君・豊臣秀頼はわずか七歳だった。

父・中村一氏は小山評定の直前に病死。会津征伐の途上、家康が駿府城に立ち寄った際、面会し、中村家が徳川に味方することを伝えた。

一氏は山内一豊、堀尾吉晴らとともに豊臣秀吉が織田家家臣だった頃から従い、秀吉の台頭に合わせて出世してきた古参大名。たたき上げ中のたたき上げなのである。

石高でみれば、このとき中村家一四万五〇〇〇石、堀尾家一二万石、山内家六万八〇〇〇石。出世レースは一氏がややリードか。三人とも秀吉の信頼が厚かったことは、家

中村一忠公木像（感応寺蔵・米子市立山陰歴史館提供）

康を関東に異動させた後の東海道にそろって領地を得たことでも分かる。家康が西に攻め上る万一の場合に備え、そのルートに秀吉が特に見込んだ忠義者を配置したが、最前線は駿府の中村家。掛川・山内、浜松・堀尾と続く。

そんな忠義者も家康支持に。死の間際でも冷静に時代をみていた。いや、死の間際だからこそ次世代への責任を感じ、幼くして家を背負うわが子のために判断した。

だが、一忠の藩政は安定せず、重臣を成敗して米子城騒動を起こす。剣豪・柳生宗章の活躍と壮絶な最期で知られる事件だ。そして父の願いもむなしく、一忠は若くして急死。米子藩主・中村家は断絶した。

［二〇一三年六月八日］

◆中村一忠〈なかむら・かずただ〉　一五九〇～一六〇九年。一六〇〇年、父の病死に伴い当主に。関ヶ原の戦い後は静岡・駿府一四万五〇〇〇石から米子一七万五〇〇〇石に加増。

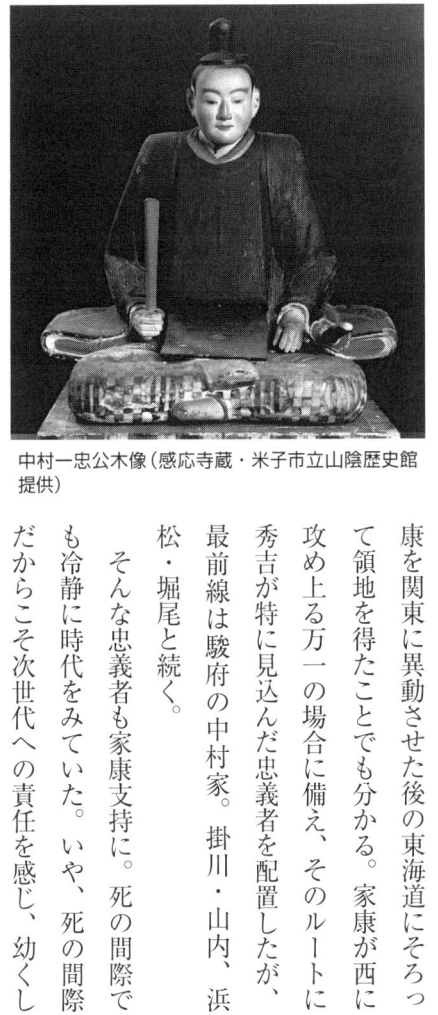

細川忠興

小山出陣後ガラシャの訃報届く

関ヶ原の悲劇の一つに細川ガラシャの最期がある。細川忠興の妻・ガラシャは明智光秀の三女。徳川家康打倒を掲げて兵を挙げた石田三成が大坂城下に暮らす諸将の妻子を人質に取ろうとした際、大坂から脱出せず、人質になることも拒んだ。キリシタンでもあり、自殺は教義に反すると、家老に長刀で胸元を突かせて壮絶な最期を遂げる。家老は屋敷に火をかけ自害。忠興は小山を出た後、ガラシャの死を聞いた。

毅然《きぜん》とした態度を貫き、三成の人質作戦を大失敗に終わらせた。諸将は「あっぱれ」と称賛した。ただ、諸将の妻には、うまく大坂を脱出した者もいる。ガラシャも長男・忠隆の妻・千世を逃しているし、黒田長政の妻や母は俵にくるまれ、荷の中に隠れてスパイ大作戦さながらの脱出劇。人質に取られたとしても、交渉決裂で即座に殺される状況ではなかった。生きる手立てはあった。

だが、本能寺の変（一五八二年）の後、謀反人の家族の汚名を得たガラシャは、逃げたり隠れたりして、父の名を汚したくなかったのだ。

忠興の愛情は深かったが、嫉妬深く、非情な面もあった。木から落ちた植木職人を妻に見とれていたと手討ちにしたとか、その非情さに動じないガラシャに「蛇のようだ」と評したところ、「鬼の女房には蛇が似合い」と返されたとか。

細川忠興公像（永青文庫蔵）

冷酷さや気性の激しさを強調するエピソードが多い忠興だが、戦では確かな実績を残し、細川家の危機を何度も乗り越えた政治手腕も高い。当代一の教養人であり、千利休の高弟「利休七哲」の一人でもある。

［二〇一三年六月一五日］

◆細川忠興〈ほそかわ・ただおき〉　一五六三〜一六四五年。足利義昭を支えた細川幽斎（長岡藤孝）の長男。織田信長、豊臣秀吉に仕えた。関ヶ原の戦いでは石田三成本隊と激闘するなど奮戦。関ヶ原の戦い後は宮津一八万石から小倉三〇万石に加増。

細川忠隆

妻の離縁めぐり父と決別

「明日、陣替えが行われるであろうことは、承知した」。小山評定が行われた一六〇〇（慶長五）年七月二五日、細川忠隆が家臣に宛てた書状には、会津へ向かうため小山まで来た軍勢を方向転換させる状況を生き生きと今の世に伝えている。

忠隆は父・細川忠興と行動をともにして、小山に来た。その頃、忠隆の母・ガラシャは大坂城下で西軍の人質になることを拒み、死を選ぶ。これは前回書いたが、この悲劇にはとんだとばっちりがあった。忠隆の妻・千世は生き残ったが、忠興は「ガラシャを見殺しにした」とこの嫁を許さず、離縁を申しつける。忠隆はこれに従わず、跡取りの立場を追われた。以後は長岡休無《きゅうむ》と称し、世捨て人のような暮らしを送る。

ガラシャを失った忠興の悲しみは深く、怒りはすさまじかったとみえるが、別の側面もある。当時、徳川家と前田家は微妙な緊張状態にあった。前田利家は豊臣秀吉の旧友であり、豊臣大名の中でも特別な存在。徳川家康も利家には一目置かざるを得なかったが、利家死後は前田家を揺さぶった。ありもしない家康暗殺計画の黒幕にでっち上げ、加賀征伐をちらつかせて人質を要求。千世は前田利家の七女。細川家にとって豊臣政権下では有力な後ろ盾だった前田家との関係はこのとき、やや厄介な問題となっていた。

「そこまで家康の機嫌をうかがう必要はない」。忠隆は父に対する反発があった。だが、名家の誇りが通じるほど、徳川政権が甘くないことは後の外様大名に対する仕打ちを見れば明

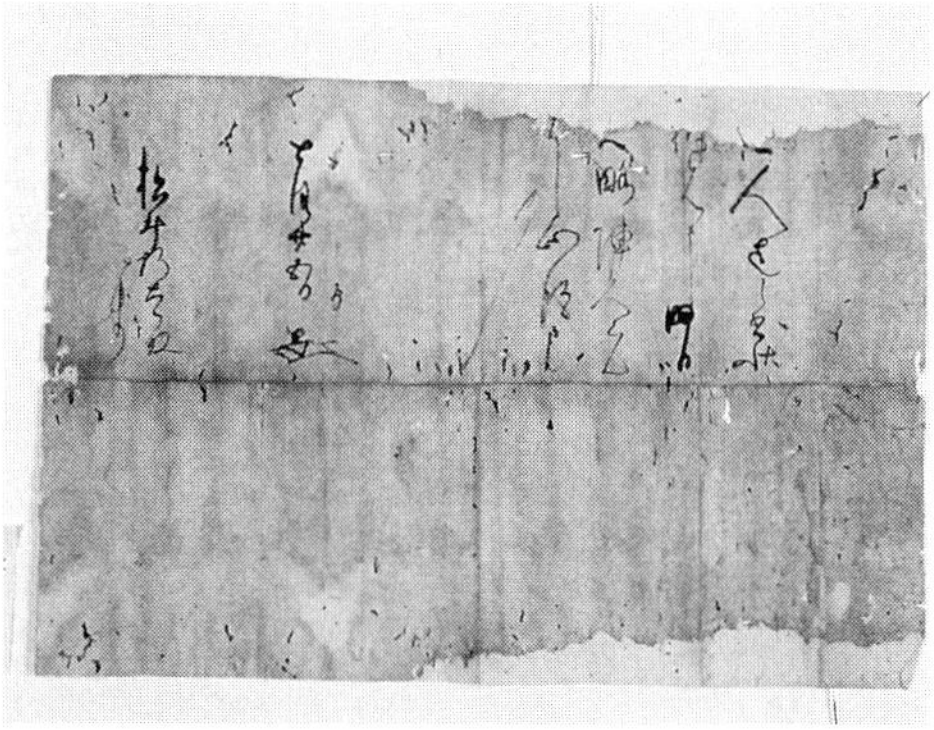

家臣・松井興長に宛てた細川忠隆の書状。「明日、陣替えが行われるであろうことは、承知した」という内容（松井文庫蔵・八代市立博物館提供）

らかだ。それが見えていたリアリストの忠興に対し、忠隆はロマンチストだったのかもしれない。

［二〇一三年六月二二日］

◆細川忠隆〈ほそかわ・ただたか〉　一五八〇～一六四六年。細川忠興の長男。関ヶ原の戦いでは忠興とともに戦功を挙げたが、妻・千世をかばって忠興の怒りを買い、細川家の新領地へは行かず、京都で暮らした。

藤堂高虎

的確に時代の流れを読む

一八六八（慶応四）年、戊辰戦争の最中、津藩は味方と敵を取り換え、幕府軍への攻撃を始めた。味方から思わぬ攻撃を受けた幕府軍は動揺。藤堂高虎が津藩を起こしてから二六〇年も後の話だが、民衆さえ津藩の変わり身の早さを「さすが高虎の子孫」とささやいた。もちろん褒め言葉ではない。

豊臣恩顧の武将の中でもいち早く徳川家康に取り入る高虎のイメージは著名な歴史小説やその影響下にある大河ドラマなどで定着したが、幕末の藩はそのときの事情で幕府を敵としたのであり、そのことまで高虎の責任とされるのは少々気の毒だ。

確かに、高虎は処世術にたけていた。羽柴秀吉の弟・秀長に仕え、秀長死後は高野山に入ったが、この貴重な人材を秀吉も惜しみ、取り立てた。それでいて秀吉死後は家康に急接近した。津市文化振興課の中村光司さんは「朝鮮出兵では積極的に関与するよりも後方支援に回り、考え方も家康に近かった。戦国時代の武将はその時々で誰に付くの

藤堂高虎像（四天王寺蔵）

が最善かを判断していた」と説明する。

小山評定の前、先乗り部隊のように鍋掛（現・那須塩原市）に着陣。家康のために情報収集にも努めた。

「二君にまみえず」とするのは政治体制が安定した江戸時代の考え方で、戦国時代はもっとシビアに、上に立つ者も能力、資質を見極められた。その点、高虎は能力主義の時代を存分に生きた。残した言葉は、その生き方に悔いがなかったことを断言している。「武士たるもの七度主君を変えねば武士とは言えぬ」

［二〇一三年八月三日］

◆藤堂高虎〈とうどう・たかとら〉 一五五六～一六三〇年。近江出身で、浅井長政ら何度も主君を変えた後に秀吉の弟・秀長に仕えて台頭。秀長死後は秀吉に仕えた。関ヶ原の戦い後は板島（宇和島）八万石から今治二〇万石に加増。後に津藩主に。築城の名人でもあった。

加藤嘉明

子孫が壬生に…歴史の奇縁

壬生町は現在「おもちゃのまち」で知られ、県内の町で最多の四万人近い人口を持つ。江戸時代は現在の町域とそっくり重なるわけではないが壬生藩があり、何回か藩主の国替えがあった。加藤嘉明の子孫が治めたのは一六九五〜一七一二年のわずかな期間。小山評定に参加した約一〇〇年後に子孫が壬生藩を預かる奇縁は嘉明も想像できなかったろう。

藩主・明英は嘉明のひ孫。大麦、大豆、ヒエ、エゴマ、真綿、紅花、麻の七種に税を課した「七色の掛物《かけもの》」の逸話が残る。三人の義士が反抗し、二人は打ち首。結局、重税は免除され、加藤家は悪役になっているが、壬生町立歴史民俗資料館の中野正人さんは「裏付ける資料はなく、次の藩主、鳥居家の善政との対比で出てきた話かもしれない」と話す。明英は近江・水口《みなくち》藩時代は文武両道の名君と呼ばれていた。

嘉明は豊臣恩顧の大名の中でも比較的手堅く、関ヶ原の戦い後を生きた。伊予・松山の基礎を築き、大幅な加増で会津若松へ移る。僚友では加藤清正が不審死を遂げ、小山評定のキーマン、福島正則は関ヶ原から一九年後に大減封。広島城の接収役は嘉明で、流罪に近い扱いを受けた僚友の左遷に立ち会った。嘉明はすきがなかったが、二代目がもめ事を起こし所領没収。加藤家はその後、近江・水口二万石の小大名として明治維新まで継続した。壬生での事件はその途中のわずかな期間のことだ。

加藤嘉明像（藤栄神社蔵・甲賀市水口歴史民俗資料館提供）

［二〇一三年八月一〇日］

◆加藤嘉明〈かとう・よしあき〉　一五六三～一六三一年。三河出身。通称・孫六。羽柴秀吉（後の豊臣秀吉）の小姓として仕え、福島正則、加藤清正らとともに「賤ヶ岳の七本槍《やり》」の一人に数えられる。関ヶ原の戦い後は伊予・松前《まさき》一〇万石から松山二〇万石に加増移封《いほう》。晩年、会津藩四〇万石に。伊予を分け合い、朝鮮出兵での戦功争いなど因縁の相手、藤堂高虎の推挙があったという。

田中吉政

捕縛の敵将に与えたニラ粥

関ヶ原の戦いの後、西軍の実質的な主将・石田三成は敗走し、大がかりな探索が始まった。三成は自身の領地・近江に潜伏。潔く戦場に散った仲間をよそに逃亡したとあって東軍諸将からも軽蔑されるわけだが、三成は「徳川家康打倒」の目的達成を諦めない姿勢を貫いた。その志の高さはともかく、勝敗も決まった後、敵の大軍に追われる身ではほとんど狩猟の獲物と同じ扱いである。

三成を発見したのは田中吉政の家来だった。吉政も近江に土地勘がある。出身地だし、豊臣秀吉のおいで一時後継者とされた秀次の宿老として近江八幡の領国経営を実質的に任されていた時期もある。

吉政は、捕縛された三成にニラ粥《がゆ》を与え、丁重に扱った。敵ではあっても、大軍を率いた主将に対して敬意を持って接することをわきまえていた。東軍の中には罪人・三成を前に感情が高ぶり、足蹴にした武将もいた。敵への憎悪を強調することで忠義面する者はいつの世にもいるが、それは家康には通用しない。家康はこういう人物は信用しない。ポーズを取っているとみられてはかえって危険だ。理性的で、武士の情けもわきまえた吉政の態度こそ信頼される。

吉政は小山評定に参加した武将では少々地味だが、徳川家康が伊達政宗に送った小山評定の様子を表した書状には、福島正則に次いで名を挙げているほどで、評定の議論を主導した重要メンバーの一人だった。

［二〇一三年八月二四日］

田中吉政像（長浜城歴史博物館蔵）

◆田中吉政〈たなか・よしまさ〉 一五四八～一六〇九年。近江出身。豊臣秀次の宿老として力量を発揮し、秀次切腹時も連座して失脚することなく、むしろ秀吉に重宝された。関ヶ原の戦い後は岡崎一〇万石から筑後・柳川三二万五〇〇〇石に加増。関わりがあった近江八幡、愛知・岡崎、福岡・柳川など城下町の整備に功績を残している。

浅野幸長

「三成憎し」武断派の七将

豊臣秀吉死去から一年もたっていない一五九九（慶長四）年閏《うるう》三月、豊臣政権の重鎮・前田利家が死んだ。同時に政局は一気に緊迫。豊臣恩顧の武将の一部が石田三成の襲撃を企てる。浅野幸長は、この武断派の七将に加藤清正、福島正則、黒田長政らとともに名を連ねていた。

秀吉の晩年、朝鮮出兵での実戦部隊の七将らと、彼らの過失を見逃さない三成ら官僚派との対立は決定的となった。「三成だけは許さない」といきり立つ七将らに対し、利家の人望と風格が重しとなって利いていたが、ふたが外れると、沸騰していたものが噴き出した。

屋敷を急襲された三成は難を逃れると、既に敵対関係が明らかだった徳川家康の屋敷に逃げ込むという奇策に出る。家康は三成襲撃を諦めない七将をいさめ、事態を収拾。だが、この状況を利用しているのも家康である。「三成憎し」の感情を高める七将らは家康対三成の構図の中に組み込まれ、一年後の関ヶ原の戦いへと突っ走る。

家康の力が増すことが豊臣家衰退に直結していることに自覚があったかどうか。関ヶ原の戦いでは家康に味方した幸長だが、豊臣秀頼への忠誠を貫き、一六一一（慶長一六）年には、清正らと協力して秀頼と家康の対面も実現させた。三八歳の若さで死去したのはその二年後。清正同様、暗殺説もないではない。

［二〇一三年八月三一日］

浅野幸長像（東京大学史料編纂所所蔵模写）

◆浅野幸長〈あさの・よしなが〉　一五七六～一六一三年。近江出身。浅野長政の長男として幼い頃から豊臣秀吉に仕えた。長政は婿養子として浅野家を継ぎ、秀吉は浅野家養女を妻としており、秀吉の出世とともに浅野家も側近として台頭。幸長は武勇に優れ、学問にも熱心だった。関ヶ原の戦い後は甲府二一万五〇〇〇石から和歌山三七万六〇〇〇石に加増。弟・長晟《ながあきら》が跡を継ぎ、後に安芸・広島藩主となった。

浅野長重

忠臣蔵ルーツと真壁の町割

赤穂浪士が活躍する「忠臣蔵」のルーツは意外と身近な場所、真岡や隣県・茨城にある。赤穂藩主は浅野家の分家。豊臣秀吉の義弟で側近だった浅野長政の三男、浅野長重に始まる。長重自身は真岡や真壁（茨城県桜川市）などに領地を得て、赤穂に移るのは次の世代となる。

小山評定の頃はまだ一〇代で、従軍中に江戸に帰され、評定には参加していないが、兄・幸長《よしなが》ら浅野家の戦功もあり、関ヶ原の戦い後、真岡藩主に取り立てられた。父・長政の死後はその隠居地・真壁に移り、後に笠間藩主に。その過程で取り立てた大石氏は大坂夏の陣（一六一五年）の武功で子孫もその地位が約束される永代家老になった。桜川市教委文化財課は「赤穂浪士討ち入り事件に登場する浪士の三分の二は真壁藩、笠間藩のときに抱えた家来の子孫」と説明する。

また、将軍・徳川秀忠から「累年精勤せるにより領知を他国にうつされ、加増あるべ

真っ直ぐ延びた通りに古い建物が並ぶ真壁の街並み＝茨城県桜川市

し」と勧められても「真壁には父が墓所あり。願はくばもとのごとく笠間城に真壁を加へてたまわらば加増の願なし」（寛政重修諸家譜《ちょうしゅうしょかふ》）と辞退。同課によると、「笠間藩主となっても笠間城に入らず、真壁の陣屋で政務を執った」。

長重の時代の建物は残っていないが、当時の町割が残る桜川市真壁地区は長く発展し、江戸後期〜昭和前期の貴重な建物が並ぶ国の重要伝統的建造物群保存地区となっている。

大きな領地や城に関心を示さず、旧来の大名とは違った価値観を持っていたようにもみえるが、忠臣を登用し、地域を活性化させた。足元は見えていた領主だった。

［二〇一三年九月七日］

◆浅野長重〈あさの・ながしげ〉　一五八八〜一六三二年。浅野長政の三男。家督は長男・長直が継ぎ、一六四五年、赤穂藩に移る。

池田輝政

戦国生き抜いた姫路宰相

池田輝政にとって徳川家康は親の敵《かたき》だ。一五八四（天正一二）年、羽柴秀吉（後の豊臣秀吉）と家康が戦った小牧・長久手の戦いでは、にらみ合いを続ける秀吉に対し、輝政の父・恒興らは家康の背後を突く作戦を提案。秀吉としても織田信長配下での同僚、もともとは先輩格だった恒興を立てる必要もあり、作戦を了承したが、予想の範囲内とばかりに備えていた家康に裏をかかれる。攻撃軍の中で秀吉のおい・秀次の軍が弱いとみて、そこを攻められ、秀次軍は総崩れ。巻き添えで恒興や森長可ら歴戦の武将が討ち死にした。

輝政は父と兄を失ったが、最大の転機でもあった。一三万石の家督を継いで大垣城主、後に岐阜城主となり、表舞台に登場。秀吉の天下統一の過程で軍功を重ねた。

次の転機は家康の次女との再婚。家康との融和を図る秀吉の意向だったが、結果として池田、徳川家の結び付きは強くなり、関ヶ原の戦いで輝政はすんなりと家康に味方。

前哨戦の岐阜城攻めで福島正則と先陣争いを演じるなど戦果を挙げた。

関ヶ原の戦い後は姫路に移る。西国外様大名への牽制役《けんせい》も期待されるなど家康の信頼は厚く、子や一族を含めると知行は九〇万石超。「姫路宰相」「西国将軍」と呼ばれた。信長の近習から始まり秀吉、家康にも重宝された。難しい時代を上手に遊泳したが、弁を弄しての政治工作ではなく、戦場

池田輝政像（鳥取県立博物館蔵）

での軍功が評価された。余計なことは言わぬが花なのだ。

［二〇一三年九月一四日］

◆池田輝政〈いけだ・てるまさ〉　一五六四～一六一三年。池田恒興の次男として父・恒興とともに織田信長に仕えた。小牧・長久手の戦い（一五八四年）後に家督を相続、秀吉の重臣として活躍する。関ヶ原の戦い後は三河・吉田一五万二〇〇〇石から播磨・姫路五二万石に加増。世界遺産・姫路城の今の姿につながる大規模な拡張に功績があった。

富田信高

負け方評価された安濃津籠城戦

関ヶ原では東西両軍の大軍が激突したが、戦場はここだけではない。小領主が分立していた伊勢では諸将が東西に分かれた。富田信高の安濃津城（津市）も激戦の舞台となった。大坂にも近く、海陸交通の要衝だったのだ。

信高が小山評定から帰国してみると、安濃津城は大軍に包囲されていた。何とか城に入った信高だが、包囲軍は三万人、伊勢湾海上は九鬼嘉隆に制圧されていた。籠城の兵力は一五〇〇人程度で、多くは町衆による義勇兵。津市文化振興課の中村光司さんは「商人らも町を守ろうと籠城に参加した総力戦。信高の父、信広は宿場の仕事以外の課税を免除するなど富田氏と町衆との関係は良かった」と説明する。

死をも覚悟した信高の前に容姿端麗な若武者が現れ、奮戦。危機一髪のところを救われた。誰かと思って顔を見ると、自分の妻。江戸時代後期の「武家女鑑」などに出てくる逸話で、中村さんは「史料での裏付けは難しいが、筆者の津阪東陽は津藩藩校の初代督学（校長）を務めた漢学者。それなりに信頼性があり、何らかの形で信高夫人が戦場に出たのではないか」とみる。

三日間の激戦の末、開城。信高は出家して高野山に上ったが、関ヶ原で東軍が勝ち、領主に復帰。国盗《と》りの時代は

安濃津籠城戦之図（樋田清砂氏旧蔵）

勝つか負けるかが全てで、惜敗も大敗も関係ないが、組織戦の時代となり、負け方にも意味が出てきた。孤立無援で大軍を引き受け、奮戦。家康の査定はかなり高かった。

［二〇一三年一一月三〇日］

◆富田信高〈とみた・のぶたか〉 ?～一六三三年。織田信長、豊臣秀吉に仕え、交渉などに手腕を発揮した富田信広の長男。一五九九年に家督を継ぐ。関ヶ原の戦い後は、津五万石から同七万石に加増。その後、伊予・宇和島一二万石に加増転封されたが、紛争に巻き込まれて所領没収。不遇の晩年を送った。

森忠政

猛将一家も関ヶ原は〝見張り役〟

森家は「武を誇る家柄」である。津山郷土博物館（岡山県津山市）の館長・尾島治さんは「世間もそう見ているし、本人たちも自任していた」と話す。森忠政の父と五人の兄は全て戦いの場で生涯を終えた。父・可成《よしなり》と長兄・可隆《よしたか》は、忠政が生まれた元亀元（一五七〇）年、織田信長の近江・朝倉攻めで討ち死に。後を継いだ次兄・長可《ながよし》は「鬼武蔵」の異名を持つ猛将。豊臣秀吉に従い、徳川家康と戦った小牧・長久手の戦い（一五八四年）で戦死した。

その二年前の本能寺の変では忠政の三人の兄、蘭丸、坊丸、力丸が落命。このとき忠政一三歳。信長に仕え始めたばかりで安土城に残っていた。明智勢に攻められる前に脱出。そして長可の戦死後、若くして家を継ぎ、豊臣大名として活躍する。

秀吉死後は家康に接近した。小山評定後、川中島・海津城（長野市）に戻り、地元を守備。徳川秀忠率いる徳川本隊が信州経由で関ヶ原に向かうが、上田城で真田昌幸に苦

木造森忠政公坐像（本源寺蔵・津山郷土博物館提供）

しめられた。この真田勢や信州、越後方面の見張りを任された。「後ろの守りがしっかりしていないと徳川勢も西へ向かうことができない。重要な役割だった」と尾島さん。

ただ、忠政は書状を送って家康、秀忠にしきりに関ヶ原への出陣を願い出た。書状のやり取りは「情報収集の面もあった」（尾島さん）が、武功を挙げるこれ以上にない舞台。戦場で目に見える手柄を立て、ときには主君の盾になって忠義を示す。たとえ討ち死にしても、その評価が家を繁栄させ、次の世代につながる。武辺者《ぶへんもの》の出世は命懸けだった。［二〇一四年八月三〇日］

◆**森忠政〈もり・ただまさ〉**　一五七〇～一六三四年。織田信長に仕えた森可成の六男。幼名・千丸。関ヶ原の戦い後は、信州・川中島一三万七五〇〇石を安堵。その後、美作・津山藩一八万六五〇〇石の藩主に。

仙石秀久

出世、失態、復活…戦国生き抜く

漫画「センゴク」（宮下英樹）の主人公。これまで無名だったが、織田信長、豊臣秀吉、徳川家康の戦国の英傑に従い、二代将軍・徳川秀忠の信任も厚かった。戦国時代を生き抜き、出世と没落、どん底からの復活とジェットコースターのような振り幅の大きい生涯は痛快だ。

信長からは「面構えがいい」と気に入られ、秀吉配下で順調に出世。だが、九州征伐・戸次川《へつぎがわ》の戦い（一五八七年）で大敗、取り潰された。そのどん底から小田原征伐の活躍で復活する。わずかな旧臣を集め、陣借りという形で出陣。正規軍ではなく、手弁当で戦場に駆けつけたようなもので、参戦には徳川家康の口添えもあり、家康との関係を深めるきっかけにもなった。小田原での活躍は、箱根の景勝地・仙石原の地名の由来との説もあるほどだ。

信州・小諸を領有していた秀久は小山評定後、宇都宮を出発して中山道を西へ向かう

仙石秀久公肖像（豊岡市教育委員会提供）

秀忠を軽井沢で出迎えた。三男・忠政（当時は久政）とともに先鋒《せんぽう》として西軍・真田昌幸の上田城攻めに加わり、果敢に戦った。ただ、真田氏との攻防に時間をかけたため、秀忠率いる徳川主力部隊は関ヶ原の戦いに間に合わず、家康の機嫌を損ねることになる。

秀久も秀忠を追って西に急ぎ、家康の側近・井伊直政に真田攻めや木曽川増水などの遅参理由を詳しく説明。直政の取りなしで秀忠もようやく家康に面会できた。誠意ある秀久の対応は、秀忠を救い、秀忠の将軍就任後は重用された。

仙石氏は千石氏ともいい、中興の祖・秀久の頃、「仙石」に統一されたようである。秀久以後、所領は小諸から信州・上田、但馬・出石《いずし》（兵庫県豊岡市）と移った。

［二〇一四年九月六日］

◆仙石秀久〈せんごく・ひでひさ〉　一五五二～一六一四年。美濃・斎藤氏、次いで織田信長に仕え、豊臣秀吉配下で活躍。関ヶ原の戦い後は、信州・小諸五万七〇〇〇石安堵。

里見義康

秀忠同行かなわず宇都宮在陣

「南総里見八犬伝」の舞台、安房（千葉県南部）を領国としていた里見氏。「八犬伝」は曲亭馬琴（滝沢馬琴）が二八年かけて完成させた大長編読本で、もちろんフィクションだが、物語の中でも里見氏は重要な存在である。

里見氏は新田氏の一族で、里見郷（群馬県高崎市）から安房に移ってきた。義康は九代目。「里見氏はもともと水軍が強く、岡本城（千葉県南房総市）を拠点としていた。情勢が安定すると、館山城（同県館山市）に居城を移した」と館山市立博物館の学芸員、宮坂新《あらた》さん。

その頃、領国経営を引き継いだのが里見義康。関東制圧をもくろむ北条氏に対抗。安房一国だけでなく、上総にも領地を広げていたが、豊臣秀吉が北条氏を倒すと、北条氏との抗争は、惣無事《そうぶじ》（停戦命令）に違反した私戦とみなされ、安房以外の領地は全て没収された。

「英名百雄伝」から里見義康像（館山市立博物館蔵）

小山評定後は宇都宮在陣。結城秀康のもと、上杉勢南下に備えた。これはこれで重要な役目だったが、義康としては関ヶ原の戦いに参加したかったようだ。西へ向かう徳川秀忠に使者を送り、参戦を願い出た。宮坂さんは「惣無事違反で上総

を失ったこともあり、戦場で活躍して取り戻したかったのではないか」とみる。

義康は若くして死去。幼い忠義が跡を継ぐが、大久保忠隣《ただちか》の失脚に連座して取り潰しに近い形で伯耆《ほうき》・倉吉（鳥取県倉吉市）に転封。館山城は廃城となった。安房は小藩、旗本領、幕府直轄地に細分化されたため、館山市民にとって、殿様といえば今も里見氏である。

［二〇一四年九月一三日］

◆里見義康〈さとみ・よしやす〉　一五七三～一六〇三年。里見義頼の長男。関ヶ原の戦い後は、館山九万二〇〇〇石に常陸・鹿島郡を加えて一二万二〇〇〇石に。弟・忠重（義高）も上野・板鼻（群馬県安中市）に一万石を得て大名に取り立てられた。

京極高知

名門兄弟、逆境にもしぶとく

京極氏は名門・佐々木氏の一族。足利尊氏と行動をともにした佐々木道誉《どうよ》（高氏）の活躍で室町幕府重臣の地位を確立する。道誉は婆娑羅《ばさら》大名として知られている。派手好みで自由で横着。以降、京極氏は近江など数カ国の守護大名として権勢を振るうが、戦国時代、下克上でその地位を失った。近江は家臣・浅井氏が台頭、出雲は守護代・尼子氏に奪われた。それでも歴史の表舞台から退場することはなく、京極高知とその兄・高次（一五六三～一六〇九年）は関ヶ原の戦いの功績でそろって国持ち大名に出世。御家再興を果たした。

高次は本能寺の変（一五八二年）で明智光秀に加担、長浜城を攻め、高知の姉・竜子の夫・武田元明は佐和山城を攻めた。長浜は羽柴秀吉（豊臣秀吉）、佐和山は織田家重臣・丹羽長秀の居城。京極氏の立場は非常に悪くなるが、この後、竜子が秀吉側室・松の丸殿となって高次も許される。高次の妻は淀殿の妹。身内の女性との絆が京極氏を救った。
その後、兄弟は豊臣大名として奮闘。小山評定に参加したのは高知で、関ヶ原の戦いでは大谷吉継隊と戦って戦功を挙げた。前哨戦・岐阜城攻めにも参戦している。

京極高知肖像（曼殊院蔵・宮津市教育委員会提供）

一方、高次は最初、西軍に属したが東軍に寝返り大津城に籠城。一万五〇〇〇の西軍を相手に粘った末、降伏したのは九月一五日。猛将・立花宗茂を含む大軍が関ヶ原に間に合わなかった。周囲の状況から最初、西軍に味方したのは仕方のないところ。むしろ時間稼ぎの策で、徳川勢とも打ち合わせ済みとの説もある。

［二〇一四年九月二〇日］

◆京極高知〈きょうごく・たかとも〉　一五七二～一六二二年。京極高吉の次男。母・マリアは浅井長政の姉。関ヶ原の戦い後は、飯田一〇万石から丹後・宮津一二万三〇〇〇石に。兄・高次も大津六万石から若狭八万五〇〇〇石に。

寺沢広高

準備に自信、能吏の面目躍如

小山評定参加武将の中でもやや地味だが、唐津城や日本三大松原の一つ「虹の松原」を整備し、佐賀県唐津市では、殿様といえば今でも寺沢氏だという。江戸時代、二代で取り潰され、その後の唐津藩は有力譜代大名が藩主となるが、数代で国替えとなっており、まるで転勤族の赴任地。「天保の改革」の水野忠邦も一時期藩主だった。

二〇一二・一三（平成二四・二五）年、「市報からつ」の連載コラムで寺沢広高の生涯を解説しているので参考にしたい。朝鮮出兵で豊臣秀吉側近として本格的に頭角を現した。渡海拠点を名護屋（唐津市）に置くことを進言し、建造船運搬、兵糧、武器の配布、人質や帰国大名の世話、渡海軍の状況分析に関わったとしている。後方部隊としてほとんど全部の仕事ではないか。一人でできるのかと思うが、とにかく有能だった。

石田三成と同じ官僚派だが、秀吉死後、徳川家康との接点が生まれる。一五九九（慶長四）年、島津家の家臣の反乱で使者として派遣された。家康にも能力を買われていたのだ。
関ヶ原では小西行長、大谷吉継《よしつぐ》の軍と戦い、奮戦したが、「名将言行録」の逸話が広高らしい。陣を敷いた合戦前、中下級武士一二人を「物聞《ものきき》」として配置し、些細《ささい》なことも報告するよう命じた。未明に周囲の陣が騒ぎ出したが、「物聞の報告がないので敵襲ではない」と平然と寝入ったという。準備には絶対の自信があった。能吏の面目躍如である。

［二〇一四年九月二七日］

寺沢広高が築城した唐津城（唐津市教育委員会提供）

◆寺沢広高〈てらざわ・ひろたか〉　一五六三～一六三三年。尾張出身。豊臣政権の官僚として活躍した寺沢広正の嫡男。関ヶ原の戦い後は、肥前・唐津八万三〇〇〇石に天草を加えて一二万三〇〇〇石に加増。死後は次男・堅高が唐津藩二代藩主となるが、島原の乱（一六三七年）で天草を没収。一〇年後に自殺し寺沢家は断絶した。

神集島の密議

肥前四将去就に寺沢広高の影

関ヶ原の戦いを前に、東西どちらに付くか去就を定める会議は小山評定だけではない。誰が誰に味方するのか。勝敗さえ左右する。「事件は会議室で起こっている」と言っても、ちっとも言いすぎではない。

九州の神集島《かしわ》（佐賀県唐津市）に四人の武将が集まった。前回同様、「市報からつ」のコラムなどを参考に、当時の寺沢広高周辺の動きをみていく。島は広高の領内。広高は遠く会津への上杉攻めに向かい、途中小山評定に参加、そのまま関ヶ原に着陣するので、このとき自領にはいない。

その主不在の島に一六〇〇（慶長五）年八月五日、平戸領主・松浦鎮信《まつらしげのぶ》、大村領主・大村喜前《よしあき》、島原領主・有馬晴信、五島領主・五島玄雅《はるまさ》の肥前四将が集った。東西どちらに付くか協議の末、東軍参加を盟約。その場にいなかった広高の意向が反映されていたとみていい。四将に対し工作をしていたと推測できる。

有馬氏、五島氏は当初、西軍に味方したとの異説もあるが、最終的には四人とも東軍のために動き、その結果、所領も安堵《あんど》される。

その後も広高の役割は大きい。関ヶ原の戦い後も地方では東西両軍の小競り合いは続いており、大村氏には家康から広高に相談するよう指示があり、松浦氏も広高を介して家康に面会した。

神集島は、唐津市北西部、周囲七・二キロの島。島名は神功皇后の新羅出兵の儀式に由来する。

［二〇一四年一〇月四日］

神集島（唐津市教育委員会提供）

◆関ヶ原の戦い後の四将　松浦氏は六万三二〇〇石安堵で平戸藩主。大村氏は二万七九〇〇石安堵で大村藩主。五島氏は一万六〇〇〇石安堵で五島列島全域を治めた福江藩主。三氏は明治維新まで続いた。有馬氏は四万石安堵で日野江藩主に。二代で加増されて日向・延岡藩に移った。

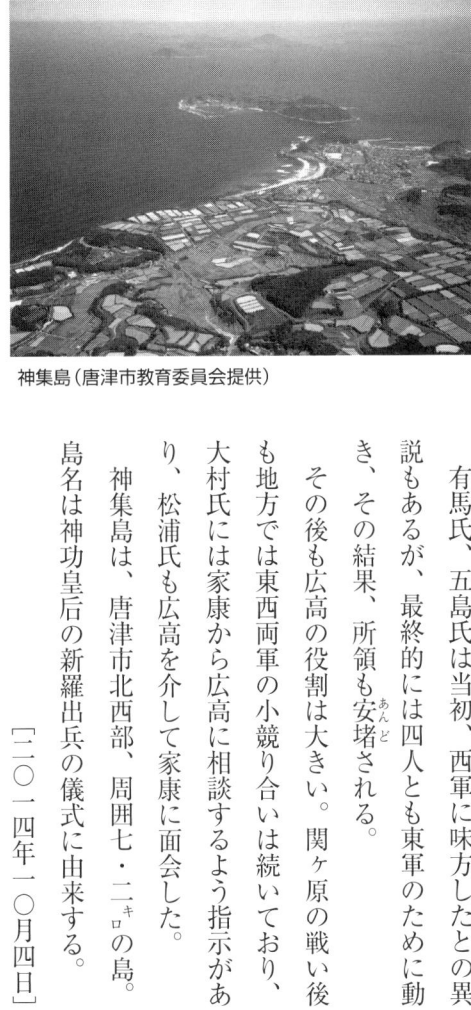

石川康長

戦国の威風伝える漆黒の天守

一五八五（天正一三）年、父・石川数正《かずまさ》（一五三三～九三年）とともに徳川家康を離れ、豊臣秀吉に仕えた。数正は最古参の家康家臣。小牧・長久手の戦いの翌年で、和睦したとはいえ、緊張関係が続く中、最大ライバルにナンバー2を引き抜かれた家康の衝撃はいかばかりであったか。

小山評定は、多くの大名が豊臣から徳川へ流れる状況を決定付けたが、その一五年前に逆コースを走った親子がいたのだ。秀吉のヘッドハンティングか、家康陣営での派閥抗争勃発か、秀吉との対決姿勢を崩さない家康の危うさを見限ったか。数正親子の出奔は理由が全く解明されていない謎の行動。家康と示し合わせた上で秀吉の懐に入り込んだという説まである。

松本城に天守を築造するなど城と城下町の整備を進めている頃、数正から康長へ代替わりする。小山評定では再び家康に付くことになるが、その経緯も不明だ。冷静に時代

松本城。中央は大天守。右は渡櫓で連結した乾小天守。左は辰巳附櫓など（松本城管理事務所提供）

の流れをみていたのだろうか。松本城管理事務所によると、「その後、改易《かいえき》（取り潰し）となり、どう考えての行動だったか、石川家の史料は残っていない」という。

一六一三（慶長一八）年、大久保長安事件に絡み、父の遺領を一部分与した弟二人とともに改易。豊後・佐伯（大分県佐伯市）に流罪となった。康長は長安と縁戚関係にあったが、事件への関与は不明である。事件そのものが謀反計画・疑獄事件というより、派閥抗争の一面も強い。このとき長安と縁戚にあった大名は数人が粛清されている。

残された松本城は江戸時代以降も市民が守ってきた。漆黒の天守は国宝。四〇〇年以上の風雪に耐え、戦国の威風を伝えている。

［二〇一四年一〇月一八日］

◆石川康長〈いしかわ・やすなが〉　一五五四〜一六四二年。三河出身。石川数正の長男。関ヶ原の戦い後は、信濃・松本八万石を安堵。

伊達政宗

反故になった「百万石の御墨付」

「一度天下に旗をあげずして口惜しき次第也」。伊達政宗の小姓が書いた「木村宇右衛《うえ》門《もん》覚書」に、「天下を狙っていた」と政宗自ら回顧したことが書かれている。野心家・政宗の面目躍如だが、仙台市博物館学芸員の佐々木徹さんは「本当にそう思っていたのか、若い頃を振り返って誇張気味に話したのか。論者によって意見が分かれるところ」と慎重な見方だ。

領土欲は確かにあった。佐々木さんは「父・輝宗は近隣と融和策も取り、周りは血縁関係も多い。だが、政宗はあまり気にしないで攻め、勢力拡大を図った。その分、痛い目にも遭っている」と解説する。連戦連勝とはいかなかったが、外交力もあり、勢力範囲を広げた。

小山評定には直接関係ないが、会津攻めから反転して西に向かう徳川家康に上杉勢の牽制《けんせい》を頼まれ、一六〇〇（慶長五）年八月二二日付で、上杉氏が領有していた旧領七郡を与えるとの覚書も得た。いわゆる「百万石の御墨付《おすみつき》」である。当時、政宗の所領は米沢を中心に六〇万石。会津の旧領七郡は計四九万五〇〇〇石。一〇〇万石を超えるはずだったが……。

注文通り上杉勢は抑えたが、一方で一揆の扇動を疑われた。どさくさに紛れて北にも勢力を拡大しようとした嫌疑がかかり、一〇〇万石を反故《ほご》にされても強く主張できない立場に追い込まれたのだ。佐々木さんは「政宗が本当に扇動したかどうかは分からない」。ただ、一揆扇動を疑われたのはこれが初めてではなく、江戸時代になっても「政宗挙兵」の噂がたびたび上がった。

伊達政宗騎馬像＝仙台市青葉区川内の青葉山公園（仙台城跡）

危険人物だが、一方で処世術にたけ、将軍家の信頼も厚かった。

［二〇一五年九月一二日］

◆伊達政宗〈だて・まさむね〉　一五六七～一六三六年。伊達輝宗の嫡男。母は最上義光の妹。幼名は梵天丸。一五八四（天正一二）年、輝宗の隠居で家督を継いだ。

最上義光

長谷堂城の戦いで孤軍奮闘

「上杉勢への手出しは無用」。小山評定直前の一六〇〇（慶長五）年七月二三日付で、徳川家康は最上義光に手紙を出した。上杉攻めの中止は評定前に決まっていたのである。義光は家康の依頼で北から上杉を攻める準備を整えたばかり。随分勝手な中止要請だが、上方を空にして石田三成の挙兵を誘う家康の計算どおりに事態が進んでいた。最上義光歴史館（山形市）の学芸員・揚妻《あげつま》昭一郎さんは「義光はかなり前から家康との関係を大事にしていた」と話す。

「奥羽諸将は自国の防衛もままならぬまま山形に集結したのでこれ幸いにと引き揚げていった」といい、最上勢は独力で上杉軍と対峙《たいじ》することに。直江兼続率いる上杉軍三万六〇〇〇が三方から侵攻し、北の関ヶ原「奥羽出羽合戦」が始まる。最上勢は八五〇〇。兼続は最上の支城を次々と落とし、本城・山形城も「時間がかかるまい」と豪語。義光は支城の兵を撤退させ、中央に集中。地の利を生かしたゲリラ戦や夜襲で上杉軍を悩ませた。激戦の長谷堂城の戦いを中心に奮闘。九月末には両軍が関ヶ原の戦いの結果を知る。

この合戦の戦場や上杉軍進軍ルートを現地調査している同館サポーターの松本芳雄さんは「一気に攻められていたら山形城は持たなかった」

最上義光公勇戦の像＝山形市霞城町の霞城公園

謀略を駆使するヒールのイメージが定着している義光だが、揚妻さんは「内政に力を入れ、戦いは犠牲の少ない方法を好んだ。清和源氏、足利氏、斯波氏の流れから信仰心のあつい家柄だった」と強調する。

［二〇一五年九月一九日］

◆最上義光〈もがみ・よしあき〉　一五四六～一六一四年。関ヶ原の戦いの後は二四万石から五七万石に加増。長男・義康は廃嫡。跡を継いだ次男・家親は急死し、家督は家親の子・義俊が継いだが、家中の騒動で改易。四男・山野辺義忠は水戸藩家老。

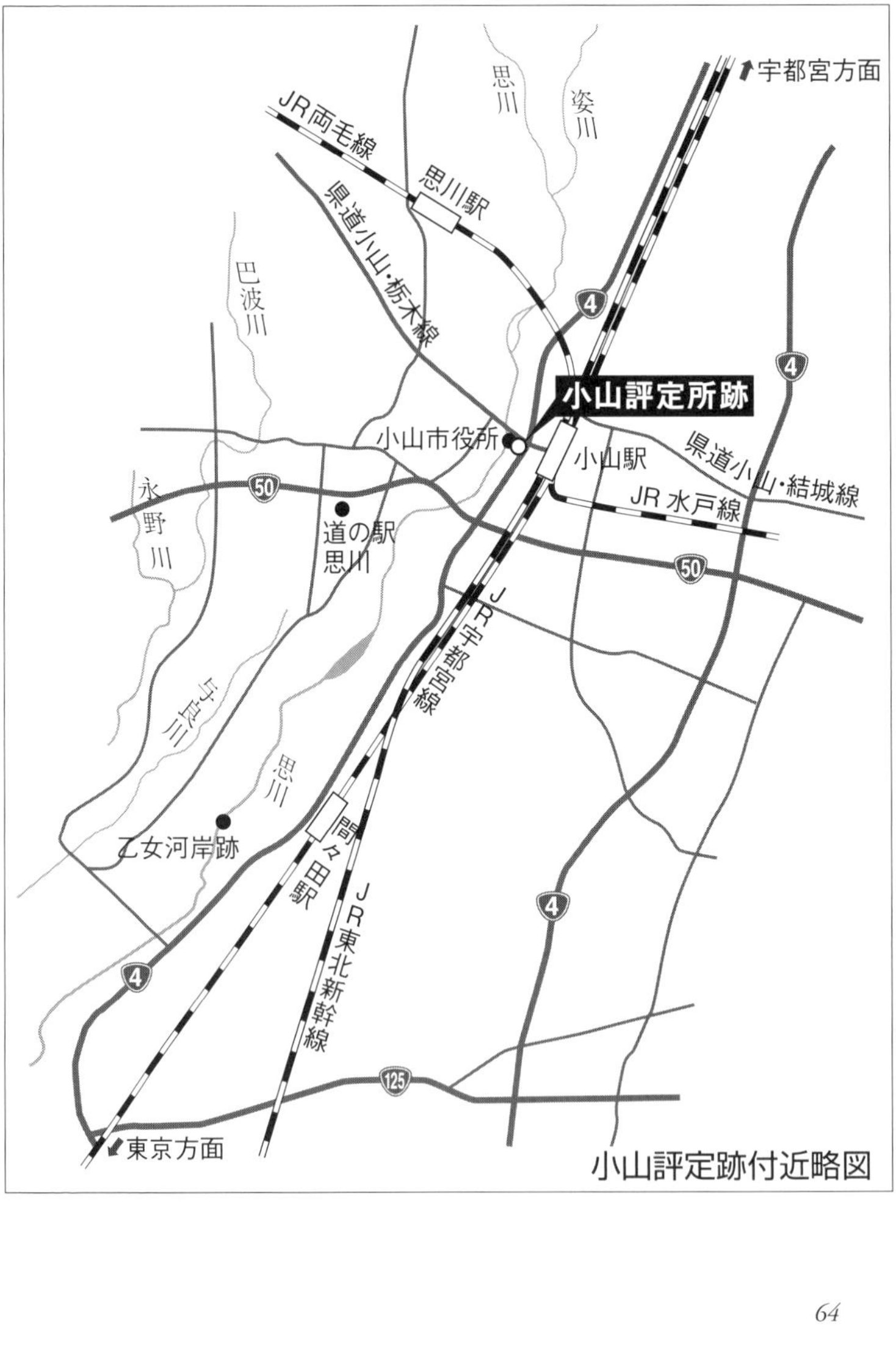
宇都宮方面
思川
姿川
JR両毛線
思川駅
県道小山・栃木線
巴波川
4
小山評定所跡
小山市役所
小山駅
県道小山・結城線
JR 水戸線
50
永野川
道の駅
思川
JR宇都宮線
与良川
思川
乙女河岸跡
間々田駅
JR東北新幹線
125
東京方面
小山評定跡付近略図

第二部

父子で東西に分かれた大名たち

真田父子

運命を分けた「犬伏の別れ」

東軍に付くか西軍に付くか、密議の末、真田家の親子が敵味方に分かれた「犬伏の別れ」。親子三人の密議の場所は、佐野市犬伏新町にある新町薬師堂とされる。

真田昌幸と長男・信之、次男・幸村は、上洛要請に応じない上杉景勝を豊臣政権への反逆とみなす徳川家康の上杉征伐軍に加わり、会津に向かっていた。そこに上方で挙兵した石田三成から密書が届く。「家康こそ豊臣の敵」と家康を批判し、西軍への参加を求める内容だ。親子三人で意見は分かれ、三成に味方することを決めた昌幸と幸村はここで信州・上田に引き返し、信之は単身、小山へ向かった。

薬師堂には、佐野・犬伏での歴史ドラマを語り継ごうと、二〇一一（平成二三）年九月、地元町会によって案内板が設置された。ただ、文化財を担当する佐野市生涯学習課は「（真田親子の別れが）犬伏とされるのは小説が始まり。古文書では確認できず、伝承の域を出ない」と説明する。同課によると、家老の日記には下野には行ったとしている

真田父子の「犬伏の別れ」の場所とされる新町薬師堂には、最近できた案内板もある＝佐野市犬伏新町

が、詳しい場所については記載がなく、「あれだけの武将が来たなら地元にも何か記録が残るはず」。

朱塗りの薬師堂は、日光例幣使《れいへいし》街道沿いの米山古墳の一角にある。比較的に交通量の多い県道に面していながら丘陵の樹木に覆われ、あまり目立たない。存在感を主張しているのは、むしろ古墳の石柱の方だ。

他に陣所があった大庵寺（同市犬伏下町）とする説などもある。運命の分かれ道はどこだったのか。

［二〇一三年九月二一日］

◆真田家　信濃の在地領主だった真田幸隆（一五一三〜七四年）が武田信玄に従い、活躍。家督は幸隆の長男・信綱が継いだが、弟の昌輝とともに長篠の戦い（一五七五年）で戦死。幸隆の三男・昌幸が真田家を継いだ。

真田昌幸

野望秘めた「表裏比興の者」

「表裏比興《ひょうりひきょう》の者」と評された真田昌幸。本来の「卑怯《ひきょう》」の字を当てれば分かりやすい。表も裏もある狡猾《こうかつ》な謀略家とみられていたが、その知略も認めた上での評価。変化球投手への褒め言葉と解釈していい。

小山評定を前に次男・幸村とともに西軍に加わることを決め、長男・信之と決別した「犬伏の別れ」。東西どちらが勝っても真田家が残るように計算したと解釈されるのも知将として評価が定着しているからだ。

信州・上田と上州・沼田の領地を守るため、上杉、北条、徳川の大勢力を相手にくっついたり離れたり。警戒されるのも当然だが、関ヶ原の戦いでは、豊臣から徳川への政権交代に本気で抵抗。損得や自家保全の計算を超え、真田家が存在感を示し、飛躍するチャンスに賭けた。

西へ向かう徳川秀忠軍を上田で迎え撃つ。信之は秀忠に従軍しているわけだから敵味方に分かれた親子が双方討ち死にする可能性もあった。真田軍二〇〇〇は三万八〇〇〇の大軍と互角以上に戦い、ついに秀忠は関ヶ原の戦いに間に合わず、東軍にとって大きな戦力ダウン。ここまでは思惑どおりだったが、西軍本隊が敗れ、昌幸の野望も水泡に帰した。

「犬伏の別れ」では、親子三人の協議中、様子をうかがった家臣・河原綱家に「終わるまで誰も来るなと命じたはずだ」と、下駄を投げつけた。顔面に受けた綱家は歯が欠けたという逸話が残る。知将らしからぬ乱暴な振る舞い。いらいらしていたのか家臣には聞かせられない話をしていたのか。それとも、大きな野望を秘めた決断が昌幸を高ぶらせたのか。

真田昌幸像（上田市立博物館蔵）

［二〇一三年九月二八日］

◆真田昌幸〈さなだ・まさゆき〉　一五四七～一六一一年。真田幸隆の三男。長篠の戦い（一五七五年）で兄二人が戦死、真田家を相続する。関ヶ原の戦い後は信州・上田など所領全てを没収。流罪となり、和歌山・九度山で生涯を終えた。

真田幸村

最後まで家康苦しめた勇将

「真田は虫になってまで、この家康を苦しめる」。大坂夏の陣（一六一五年）で豊臣家を滅ぼした徳川家康も一年後に生涯を終える。癌《がん》とかタイの天ぷらにあたったとかいわれるが、本人はサナダムシを疑った。当時「寸白《すばく》」と呼ばれていたサナダムシの語源は、家康の愚痴より真田ひもの形状という説が有力だが、真田幸村は最後まで家康を苦しめた。

大坂冬の陣（一六一四年）の前、和歌山・九度山の配所を抜け出した真田が大坂城に入ったと聞き、家康はぎくりとした。関ヶ原の戦いを振り返れば、小山評定直前、家康に敵対することを決め、信州・上田に引き返した真田昌幸には行軍中の徳川主力部隊が翻弄された。幸村も真田隊の先頭で活躍したが、家康が恐れたのは昌幸の知略、戦術だった。ほどなく、昌幸は既に死亡したと聞き、「せがれの方であったか」と安堵《あんど》。だが、幸村も父に劣らず、てごわい相手であることがすぐに分かる。

真田丸での奮闘に続き、さらに状況が絶望的となった夏の陣では、決死隊が本陣目前に迫り、家康をひやりとさせた。旗印「六文銭」は三途《さんず》の川の渡し賃で、生きて帰らぬ覚悟を示す。男気、知略、勇猛さ、全てが格好良く、幸村の勇名は一気に広まる。敵将であった諸大名の史料も活躍をたたえ、真田家の遺児、遺臣も各家で好意的に迎えられた。

真田幸村像（上田市立博物館蔵）

徳川独裁体制に反抗心を持ちながら心中を表に出せない諸将にとって幸村の潔さはうらやましくさえあり、思わず喝采を送った。そんな状況は、家康にとって腹の中のサナダムシほど憎かったたか。

［二〇一三年一〇月五日］

◆真田幸村〈さなだ・ゆきむら〉　一五六七～一六一五年。真田昌幸の次男。本来の名は真田信繁《のぶしげ》。死後、軍記物などで「幸村」の名が広まったが、生前に名乗っていたかは不明。関ヶ原の戦い後は昌幸とともに流罪。大坂夏の陣で討ち死に。

真田信之

大局観持った「信濃の獅子」

真田父子を紹介した真田編の完結は真田信之でなければなるまい。現在最も人気がある戦国武将・幸村の兄で、その陰に隠れがちだが、名将であり名君だった。徳川家に忠誠を尽くす一方、徳川家が最も憎む幸村の兄という微妙な立場。すきがあれば、すぐに取りつぶされたはずで、難局を乗り越えてきた政治手腕は高いし、一五八五年の上田合戦では戦闘能力の高さも証明している。

関ヶ原の戦い前夜、父・昌幸は西軍に付くことを決め、信之は単身、小山評定に列席する。叫ぶように徳川支持を宣言し、高揚する武将らを尻目に、父を敵として戦うことを考えると気が重く、諸将に続く気にはなれない。小山到着後すぐ、父の離反や、どこまでも徳川の一員として行動する自らの態度は家康に伝えてある。そこはぬかりなかったが……。

親子が敵味方に分かれることは、この時代、珍しくもないが、信之としては本意では

真田信之像（真田宝物館蔵）

なかった。小勢力といえども戦術に優れ、父の野心と能力であれば、天下の趨勢《すうせい》を決める大戦で勝敗さえ左右する働きができるとは思う。だが、天下を治めるわけではない。長い戦乱はいよいよ終わらせるときで、家康が倒れれば、新たなリーダーの成長を待たねばならない。父と決別したのは、結局、大局観の違いだった。

幸村死後も四三年生きた。晩年は戦国を知る最後の大名であり、老いてなお「信濃の獅子」と一目置かれた。隠居後のお家騒動では幕府との際どい駆け引きを乗り切って収拾。その年に九三歳の長寿を全うした。

［二〇一三年一〇月二六日］

◆真田信之〈さなだ・のぶゆき〉　一五六六～一六五八年。真田昌幸の長男。当初、「信幸」と名乗っていたが、関ヶ原の戦い後に改名。上州・沼田城主から昌幸の旧領も引き継ぎ信州・上田九万五〇〇〇石を治める。一六二二年、松代一三万石に国替え。

九鬼守隆

父が西軍に走った水軍武将

関ヶ原の戦いに際し、親子が東西に分かれて、どちらが勝っても負けても家の存続を図る。これは真田家の専売特許ではない。政略として親子で東西に分かれたのは、むしろ九鬼家である。ただ、これは悲劇的な結末を迎えた。

九鬼守隆は、徳川家康に従って上杉征伐に参加、会津に向かっていた。その間、石田三成が挙兵し、隠居していた父・嘉隆《よしたか》が西軍に加担。わずかな手勢で鳥羽城を奪取した。九鬼家は水軍の総帥。伊勢湾の海上封鎖など目立った働きも見せた。

三重県鳥羽市の市教委生涯学習課文化財専門員・豊田祥三さんは「東西どちらに付くか賭けみたいなところもある。負けたら終わり」と話す。九鬼家の生き残り策として、嘉隆が守隆と別の道を選んだとする見方は根強い。織田信長、豊臣秀吉の下で活躍した嘉隆としては、圧倒的な存在だった両将さえ、その権勢を後継者に引き継げなかったことを思うと、あらゆる場合を想定したかった。小領主は負けると全てを失う。

一方、そのつもりはなかった守隆は、小山から鳥羽に戻り、父と戦うはめに。関ヶ原の戦い後は父の助命に奔走した。「水軍は特殊部隊であり、秀吉からも家康からも優遇された」（豊田さん）。嘆願は認められた。だが、これを伝える使者が嘉隆のもとへ急ぐと、嘉隆の首を持った家臣と出くわす。敗退後、逃亡した嘉隆は自分のせいで守隆の立場が悪くなることを案じ、自害していた。わずかな時間の差が悲劇を生んだ。

［二〇一三年一一月九日］

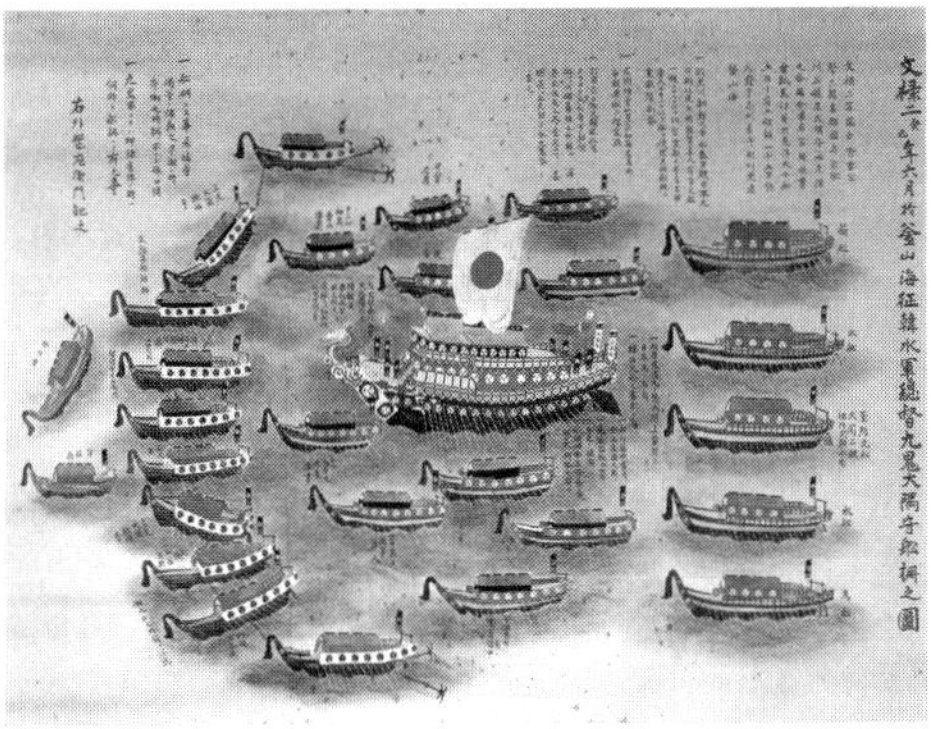
水軍として力を発揮した九鬼家。「九鬼大隅守船柵之図」（大阪城天守閣蔵）

◆九鬼守隆〈くき・もりたか〉 一五七三～一六三二年。九鬼嘉隆の次男。一五九七年に家督を継いだ。関ヶ原では東軍に付き、鳥羽三万五〇〇〇石から五万五〇〇〇石に加増。大坂の陣でも活躍、さらに加増されたが、守隆死後はお家騒動があり、二分されて内陸に国替え。水軍力を失った。

蜂須賀至鎮

秀吉腹心の孫、一八騎で関ヶ原へ

豊臣秀吉の出世譚《しゅっせたん》で、最初期から登場する蜂須賀小六（正勝、一五二六～八六年）は映画やテレビドラマで大柄な俳優が演じることが多いが、徳島市立徳島城博物館の学芸員・根津寿夫さんによると、意外にも小柄な人物だった。当時身に着けていた甲冑《かっちゅう》などから分かるという。

小六の孫・至鎮もかなり小柄だった。一五歳の至鎮が関ヶ原の戦いで着用したとされる甲冑が今月、郷土史家の岡田一郎さんから徳島市に寄贈され、同館で八月一七日まで展示中だ。根津さんは「今なら小学生が着られる程度の大きさ。当時の日本人の平均身長は一五〇㌢《チセン》程度とされるが、それに比べても小さい」。

当時の蜂須賀家当主は父の家政だったが、小山評定には至鎮が参加している。至鎮は徳川家康の養女・氏姫を妻にしており、秀吉の股肱《ここう》の臣を祖父を持ちながらも徳川家との結び付きを強めていった。

徳島藩初代藩主蜂須賀至鎮所用「革包丸龍文二枚胴具足」（徳島城博物館蔵）

氏姫との婚姻は政局的事件でもある。秀吉死後、家康は秀吉との約束を破って有力大名と婚姻関係を結び、石田三成ら官僚派にとがめられるが、最大実力者の威厳で押し切った。家康が婚姻関係を結んだのは伊達、福島、黒田ら各家で、蜂須賀家もその一つ。根津さんは「三代続いた秀吉の譜代のような蜂須賀家を味方に引き入れることは家康にとって大きかった」とみる。

初陣の関ヶ原で至鎮が率いたのはわずか一八騎。足軽を入れても一〇〇人程度の小さな部隊だったが、家康としては、豊臣家との結び付きが最も古い大名家が参戦したことが重要だった。蜂須賀家は江戸時代を通じて阿波・淡路の二国を領有する徳島藩主として繁栄した。

［二〇一四年七月一九日］

◆蜂須賀至鎮〈はちすか・よししげ〉　一五八六～一六二〇年。蜂須賀家政の長男。関ヶ原の戦い後は、家政の所領、徳島一八万六七〇〇石を安堵された。徳島藩初代藩主。

蜂須賀家政

東西に派兵、老獪な「阿波の古狸」

「足下《そっか》（そなた）にはふさわしくなかろう」。蜂須賀家政は、その武勇にあやかり、名刀を譲ってほしいと持ちかけた石田三成の面目を潰した。三成は豊臣秀吉配下の同輩だが、朝鮮出兵時に過失を報告されて家政は謹慎するはめに。このとき蜂須賀家に同情し、接近してきたのが徳川家康だった。

他人のミスを見過ごせない自身の態度が敵を増やしてしまうと、三成にも自覚があった。家政の屋敷を訪ねて仲直りを図ったが、家政にその気はなく、その象徴が「阿淡《あたん》年表秘録」に残る冒頭の逸話である。

蜂須賀家は関ヶ原の戦いで少々複雑な動きをみせる。徳島市立徳島城博物館の学芸員・根津寿夫さんによると、「四通りの対応を示した」。

家政の嫡子・至鎮《よししげ》は一〇〇人程度の小部隊で東軍として関ヶ原の戦いに参戦。家政本人は西軍の誘いを断ったが、所領返上を求められ、高野山に上って「蓬庵《ほうあん》」を名乗る。

家臣団五〇〇〇人の部隊は西軍に従軍し、加賀・大聖寺の北陸戦線に向かうが、仮病で時間をかけて移動するなどあからさまなサボタージュ。一方で少数の家臣が西軍部隊として本格参戦し激戦を戦う。

家政としては、地理的に西軍に敵対できる状況ではないが、三成に味方するつもりはさらさらない。自軍を損なわず、状況の変化を待つという老獪《ろうかい》さをみせた。「名将言行録」によると、伊達政宗をして「阿州（阿波）の古狸《だぬき》」と言わしめた。

「蜂須賀蓬庵画像」（中津峰山如意輪寺蔵）

根津さんは「二股をかけたとみられるが、家政の立場ははっきりしていて、毛利家の家臣に三成挙兵を批判する書状を送った」と話す。西軍総大将に担がれた毛利輝元を諌《いさ》める意図があった。本能寺の変（一五八二年）直後の中国大返しでは父・小六とともに毛利家との交渉に関わっており、毛利家とは縁も深かった。［二〇一四年八月二日］

◆蜂須賀家政〈はちすか・いえまさ〉 一五五八～一六三八年。豊臣秀吉の側近・蜂須賀小六（正勝）の長男。

生駒一正

主力は東軍、父は西軍に派兵

関ヶ原の戦いで、生駒氏も前回の蜂須賀氏同様、親子で東西両軍に兵を分けた。生駒一正は徳川家康に従って会津遠征に向かい、小山評定に参加。関ヶ原の戦いの前哨戦、岐阜城攻めで戦功を挙げたといい、関ヶ原では家康本陣の桃配山前面に陣を敷き、遊撃隊として奮戦。西軍主力・大谷隊と戦った。

一方、父の親正《ちかまさ》は西軍に従った。高松市文化財課によると、親正は動かず、東軍・細川幽斎が籠城する丹後・田辺城（京都府舞鶴市）攻めに家臣団が加わった。「どういう考えだったか史料はないが、親正は豊臣秀吉に取り立てられて出世した人物。豊臣家に従う気持ちもあったのでは」とみる。

ただ、西軍に従ったのは五〇〇人程度の部隊。生駒家は朝鮮出兵時に五〇〇〇人の部隊を渡海させており、主力は一正が率いていた。一正は朝鮮出兵で三度、海を渡った。二度目、三度目は親正を残しての派兵で、高齢の親正に代わり、既に一正が実質的な当主としての役割を担っていたとみられる。

生駒家は織田信長の側室・吉乃《きつの》の実家。吉乃は信長の嫡男・信忠や信雄《のぶかつ》の母であり、織田家では重要人物な

生駒一正肖像（龍源寺蔵、高松市歴史資料館提供）

のだが、生駒家は信長の家臣として身分は高くない。むしろ、秀吉の下で出世、所領も大きくなった。親正は中村一氏、堀尾吉晴らとともに三中老の一人として、豊臣政権の政策調整役を務めた。有力者による五大老と、実務担当者の五奉行の間を取り持つポジションだった。

生駒家は、一正の孫の代、家老の対立による生駒騒動が起こり、讃岐・高松から出羽・矢島（秋田県由利本荘市）へ左遷。お家断絶は免れたが、一七万石超から一万石に転落した。

［二〇一四年八月九日］

◆生駒一正〈いこま・かずまさ〉　一五五五～一六一〇年。生駒親正の長男。関ヶ原の戦い後は、親正の所領、高松一七万一八〇〇石を安堵された。

小出秀家

家康も遠慮？ 西軍の父・兄不問

関ヶ原の戦いでは国中の武将が東西どちらに付くか、去就を真剣に悩んだ。選択を間違えて断絶した家も多い。だが、中には微妙な対応をしながらも損失なく、生き残った武将がいる。

小出秀政（一五四〇～一六〇四年）と長男・吉政（一五六五～一六一三年）は西軍に味方して、細川幽斎が守る丹後・田辺城を攻めた。一方、秀政の次男・秀家は東軍に付いて奮戦。当主代理として徳川家康の会津・上杉討伐に従軍していた途中、父と兄が西軍に付いたことを知ったが、そのまま東軍に参加した。三〇〇人程度の小部隊だったが、その活躍は家康に認められた。

親子、兄弟で東西に兵を分けたのは真田氏と同じだが、西軍に参加した父と弟が何とか命だけは救われ、幽閉生活となった真田氏と比べ、小出氏は全てうやむや。西軍に付いた秀政・吉政も処罰されず、吉政は但馬・出石《いずし》藩主、父の死後は和泉・岸和田藩主と

小出吉政らが城主を務めた出石城跡＝兵庫県豊岡市出石町内町（同市提供）

大名の地位も安泰。秀家は関ヶ原の戦いの三年後に急死したが、弟への家督相続が許された。この時代、跡継ぎ不在で断絶となった家が多い中、大目に見てもらった。

秀政の妻は豊臣秀吉の母・大政所の妹なので、吉政、秀家は秀吉のいとこ。この関係が重視された。秀政は秀吉の信任厚く、遺児・秀頼の補佐を任されている。

関ヶ原の戦い後、家康は政治の実権を握ったが、豊臣恩顧の大名の力はまだまだ大きい。政権交代が完了したとはいえず、秀吉の親戚、小出氏に気を使う必要があったとみるのが、那須与一伝承館学芸員・前川辰徳さん。「狙ってもできない。ラッキーというほかない」　［二〇一五年七月一一日］

◆小出秀家〈こいで・ひでいえ〉　一五六七〜一六〇三年。小出秀政の次男。関ヶ原の戦い後、小出家は六万石の所領を安堵《あんど》。

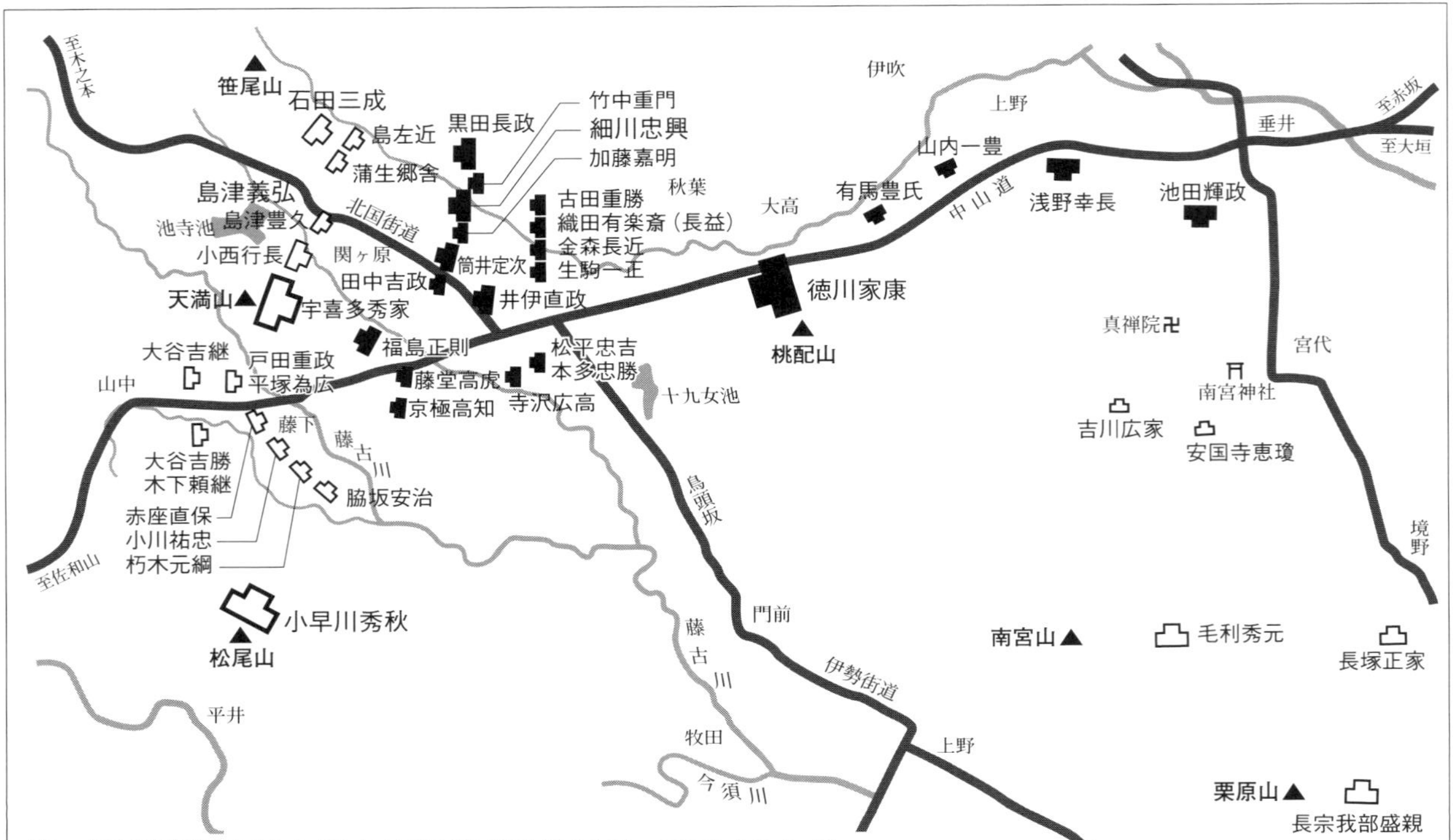

関ヶ原合戦略図《東京都江戸東京博物館他編『大関ヶ原展』より作成》

第三部　西軍の大名たち

田丸直昌

「唯一の西軍武将」実は不参加

「西軍の勝ちはござるまいが、太閤殿下へのご恩もあれば、内府殿（徳川家康）にはお味方できず」。田丸直昌は小山評定で一人、西軍へ走った。それを言ったとたん周りが全て敵となり、生きて帰れないかもしれない。それでも義を貫く誠実さに感心し、家康は快く送り出した。

ただ、直昌は小山評定には参加していないというのが最近の定説だ。

出身地、田丸城がある三重県玉城町教委によると、一九八三（昭和五八）年の「玉城町史」には、家康の催促で居城・岩村城を出発、上杉征伐に向かった経緯が書かれている。軽井沢に到着。石田三成から味方するよう飛脚が来て二日間もためらった後、岩村に引き返し籠城。だが、攻めてきた徳川秀忠軍に矢一筋を射ることもなく日を送っているうちに関ヶ原で西軍が敗れた。なお、現在の町史ではこのくだりはほとんど割愛されている。直昌は当時、大坂城守備に就いていたとか、岩村城を攻めたのは秀忠軍でないとする説も有力だ。

一方、岩村城があった岐阜県恵那市の岩村歴史資料館は「岩村城は城主が何回も代わり、戦国時代の文献はあまり残っていない」。

行ったはずのない小山の逸話は「一人くらい家康に逆らった人物がいてもいいのでは」という世間の願望から生まれたか。家康自身「ここまでうまくいくとは」という成果を得ながら、ちょっといぶかしんだ。家康は腹八分目が好きだった。意に沿わぬ者もいて、小山評定の成功を現実的に実感できた。

［二〇一三年一一月二三日］

田丸直昌の居城だった田丸城跡。現在では桜の名所となっている＝三重県玉城町（同町提供）

◆田丸直昌〈たまる・なおまさ〉　?～一六〇九年。田丸氏は名門・北畠氏の流れ。織田信長の伊勢侵攻後は田丸城を明け渡し信長の次男・信雄《のぶかつ》に仕えた。豊臣秀吉配下では蒲生氏の与力に。関ヶ原の戦い後は美濃・岩村四万石没収、越後に流罪。

氏家行広

秀頼に殉じた武将のルーツは

氏家行広は大坂夏の陣で豊臣秀頼と運命をともにした。歴代、武勇の士が名を連ねた家の当主らしく戦場に散った。

関ヶ原の戦いでは弟・行継《ゆきつぐ》とともに西軍に付き、桑名城を攻められて開城。行継はその後、細川家に迎えられ、子孫は熊本藩士として続くが、行広は大坂の陣の敗戦で子供たちも自害。ただ、幼い男子が一人、天海の弟子となり、古奈姫は淀殿の妹・初（京極高次の妻）の養女として右大臣・菊亭経季に嫁いだ。

行広の父は西美濃三人衆の氏家卜全《ぼくぜん》。諫言を聞き入れない斎藤龍興を見限り、織田信長に付いた人物だ。その後、豊臣秀吉に仕えて軍功を挙げた行広は伊勢・桑名に移った。

氏家氏のルーツはさくら市氏家。江戸時代末期に編纂された「下野国誌」には、宇都宮朝綱三男が氏家氏初代・公頼とある一方、朝綱の娘が公頼の妻との記述も。塩谷町の磨崖仏《まがいぶつ》「佐貫石仏」奥の院大悲窟に収められていた「銅版曼荼羅《まんだら》」には橘公頼の名があり、さくら市ミュージアム荒井寛方記念館副館長の小竹弘則さんは「下野国司を務めた貴族・橘氏の出。地域の有力者・宇都宮氏から妻を迎え、結び付いた」とみる。

足利氏の有力一門、斯波氏の配下として活躍。氏家重国は新田義貞を討ち取り、その功績で美濃に地盤を築いた。また、斯波氏の流れ、大崎氏に従い奥州を地盤とした氏家氏もいる。奥州氏家氏は大崎氏没落後、伊達政宗の家臣となる。他にも藩士の中に氏家の名が見られる地域もある。小竹

氏家氏の本拠だった勝山城跡＝さくら市氏家

さんは「全国各地に子孫がいる。主家が分家すると一緒に新天地へ赴いた。有能な家臣であり、中小武士の典型」と説明する。ただ、下野には武将としての氏家氏は、いつの間にか消えていった。

［二〇一五年七月四日］

◆氏家行広〈うじいえ・ゆきひろ〉　一五四六～一六一五年。氏家直元（卜全）の次男。兄・直重に次いで当主に。

直江兼続

家康を挑発、痛快「直江状」

小山評定の前に徳川家康はまず上杉討伐軍を会津に向ける。直接のきっかけとなったのが「直江状」だ。

形式として家康の外交僧・西笑承兌《さいしょうじょうたい》に送った直江兼続の書状で、「上杉家が武具を整え、城や道路、橋を整備しているのは戦の準備ではないのか」と問いただし、上杉景勝の上洛と釈明を要請する家康側に対し、真っ向から反論した。

詰問に対する嫌みを多分に含み、「国替えになったばかりで、また上洛せよとは、いつ政務を執ったらいいのか」「上方の武士は茶器などを持っているようだが、東国武士は鉄砲、弓矢の支度をするのがお国柄」「道や橋を造って交通を良くするのは国を持つ者として当然」などの内容が箇条書きで書かれている。

家康は「こんな無礼な書状は見たことがない」。上洛拒否を上杉攻めの口実にする腹づもりで、反論してくることは百も承知。家康が激怒する筋合いでもないはずだが、予想を超える内容だったのか。まさか、怒ったふりでもあるまいが……。

「直江状」は家康に口実を与えたようにみえるが、兼続としては、どう対応しても攻めてくるのは分かっていた。

兼続お船ミュージアム長岡市与坂歴史民俗資料館の直江兼継銅像（新潟県長岡市提供）

だからといって「この際、言いたいことを言ってやろうか。家康を怒らせて揺さぶろうか」とばかりに挑発したのは、随分思い切った対応だった。

権勢を誇る家康に対して言いたいことを言った。後世の人も痛快事と捉えた。原本は未発見だが、江戸時代に多くの写しが取られ、広まった。大田原市の旧家に上杉家重臣・千坂《ちさか》家伝来の写しが保存されてきた。原本に最も近い写しとされている。

［二〇一五年一〇月三日］

◆直江兼続〈なおえ・かねつぐ〉　一五六〇～一六一九年。父は樋口兼豊《かねとよ》。上杉家内紛・御館《おたて》の乱で上杉景勝に従い、以後側近として活躍する。婿養子となり直江家を継ぐ。

上杉景勝

動かなかった謙信後継者

義を重んじる上杉家である。例えば、真田幸村（信繁）との関係は興味深い。上杉景勝にとって、幸村の父・昌幸は裏切られたこともあり、信用できない相手だった。それでも北条、徳川勢と敵対して、にっちもさっちもいかなくなった昌幸を助け、幸村を人質として受け入れた。弱肉強食の時代、ピンチの真田家にあえて救いの手を差し伸べた。謙信以来、私利私欲ではなく義のために戦う上杉の家風と軍事力は石田三成も大いに期待した。豊臣秀吉死後、多くの大名が徳川家康になびく中、上洛要請を拒み、家康率いる大軍と対峙《たいじ》しようとしたのだから。

ここで三成が挙兵。家康は反転して西に向かう。東西で挟み撃ちにする態勢が整った。ただ、三成とどの程度、気脈を通じていたか不明だ。史料からは常陸・佐竹義宣《よしのぶ》との密約がうかがえる。関東に乱入し、徳川勢の後方を攪乱《かくらん》するというもので、小山評定前後の慶長五（一六〇〇）年七、八月、重臣・直江兼続や佐竹の客将・結城朝勝《ともかつ》らが暗躍していた。

上杉勢の動きは家康も警戒していて、背後に伊達政宗や最上義光ら奥羽勢、万一の上杉軍南下に備えて那須の諸将が二重三重の防御壁に。守備隊総司令官として秀康が宇都宮に陣取った。うかつに動ける状況ではない上、関ヶ原の戦いが一日で決着したのは想定外。景勝が動く機会は失われた。

上杉景勝像（米沢市上杉博物館蔵）

［二〇一五年一〇月一〇日］

◆上杉景勝〈うえすぎ・かげかつ〉　一五五六～一六二三年。名将・上杉謙信の養子。長尾政景の次男として生まれ、母は謙信の姉・仙桃院。謙信急死後、北条氏出身で謙信養子の上杉景虎との相続争い、御館《おたて》の乱を勝ち抜いた。豊臣政権下では小早川隆景に代わり五大老の一人に任命された。越後・佐渡全域に信濃・川中島、出羽・庄内を加え、計九〇万石を領有。国替えで会津一二〇万石に。関ヶ原の戦い後は、大幅な減封で出羽・米沢三〇万石の藩主に。

前田慶次

撤退戦で奮戦した「大ふへん者」

関ヶ原の戦いの同日、一六〇〇（慶長五）年九月一五日、直江兼続《かねつぐ》率いる上杉軍が山形城南西八キロの長谷堂城を包囲した。奥羽出羽合戦最大の激戦となった長谷堂城の戦いだ。

上杉軍は三万六〇〇〇の大軍で三方から山形を攻め、支城を落としながら最上義光が守る山形城を目指す。その手前で、堅固な山城・長谷堂城が持ちこたえ、九月末、両軍に関ヶ原の結果が伝わると形勢は逆転した。上杉軍はただちに撤退を始める。

最上義光歴史館（山形市）のサポーター・松本芳雄さんは奥羽出羽合戦の戦場、上杉軍進軍・撤退ルートを現地調査。「兼続は知将というけど、大軍ながらも攻めきれず、味方を置いて撤退した」と指摘。連絡兵が途中で捕縛されたのだろうか。北方から谷地城を攻略した下《しも》秀久の別働隊には連絡がなく、敵中で孤立。これがきっかけで秀久は最上氏の家臣となるのだが、これは別の話。

前田慶次所用と伝えられる具足（宮坂考古館蔵）

上杉軍の長谷堂城からの撤退戦で奮闘したのが、かぶき者・前田慶次だ。朱塗りの槍を振り回して奮戦。鉄砲隊の効果的な反撃もあり、最上軍をしばしば追い返した。同館展示の義光の兜にも銃弾を受けた跡が残る。

西軍敗退で上杉氏は米沢三〇万石に減封。慶次も米沢で晩年を過ごした。山形県米沢市の宮坂考古館は慶次所用と伝わる「朱漆塗《しゅうるしぬり》 紫《むらさき》 糸素懸威《いとすがけおどし》 五枚胴具足南蛮笠式」を展示。同館によると、この撤退戦より後の時代に使っていた具足という。

上杉家に仕官する際、「大ふへん者」と旗指物を差して現れた。勇猛な上杉家の武士の前で「武辺者」とは何事だと言われると、浪人暮らしが長くて不便している「大不便者」だと返した。人を食った話である。

［二〇一五年九月二六日］

◆前田利益〈まえだ・とします〉　一五三三～一六〇五年。生没年は異説も多い。通称の慶次、慶次郎で知られる。前田利家の兄・利久の養子。実父は滝川一益の一族とも。

石田三成

忠臣か奸臣か…評価は揺れる

小山評定は、石田三成挙兵への対応を協議するために開かれた。三成は一方の主役である。

豊臣家への忠義を貫き、強敵・徳川家康に立ち向かったとして最近、最も人気がある武将の一人だ。打算を排し、信じる正義のため勝敗を度外視して戦いに挑んだというわけ。ただ、その裏返しで、少し前の評価はニュアンスが逆だった。勝算なく戦いに挑んだ愚将であり、成功者・家康と対照的に捉えられていた。豊臣秀吉の権威を利用する奸《かん》臣《しん》のイメージも強く、秀吉晩年の失政の責任まで負わされる悪役だった時期も。これにはさすがに同情した。

長浜市長浜歴史博物館（滋賀県）の太田浩司館長は「勝算ないまま挙兵することはない」と指摘する。状況としては三成側に有利だったが、毛利家をはじめ諸家の矛盾が勝敗を左右したという。「逆の結果もありえた。関ヶ原の戦いほど、やるまで結末が分からない戦いは珍しい」

西軍総大将の毛利輝元は大坂城を動かず、関ヶ原に出陣したいとこの毛利秀元、吉川広家は「輝元にとって目障りな存在」（太田館長）。一方、広家は家康に内通し陣を動かず、小早川秀秋の裏切りもあり、東軍を包囲する位置にいた毛利軍が機能せず、優位な陣形の西軍が敗退した。

石田三成像（長浜市長浜城歴史博物館蔵）

太田館長は、三成が利休や関白・豊臣秀次の切腹に絡んでいることを指摘する。家康はじめ有力大名が影響力を持つ地方分権より、対極的な中央集権化こそが官僚の能力が発揮しやすい。豊臣政権内の対立は家康と三成を軸に「秀吉死後、押さえがなくなり、関ヶ原の戦いは起こるべくして起きた」。

［二〇一五年一〇月三一日］

◆石田三成〈いしだ・みつなり〉　一五六〇～一六〇〇年。石田正継《まさつぐ》の次男。幼名・佐吉。父や兄・正澄《まさずみ》とともに秀吉に仕官。小姓から豊臣政権の五奉行となり、近江・佐和山（滋賀県彦根市）一九万石の領主。関ヶ原の戦いで敗走。捕縛され、斬首。

大谷吉継

三成との友情に殉じた義将

天下分け目の関ヶ原の戦い。石田三成の挙兵は盟友・大谷吉継とともにある。小山評定をはじめ、東西どちらに味方するか右往左往した武将らの対応は生き残りをかけた思案だが、打算や謀略が前面に出すぎると、ときに滑稽で醜悪でさえある。その点、三成との友情に殉じた吉継の姿は、すがすがしく一服の清涼剤ともいえる。

三成はまず吉継に賛同を求めた。会津攻めに向かう吉継を居城・佐和山（滋賀県彦根市）に呼び、徳川家康追討計画を持ちかけた。吉継は「勝てぬ」と説得を試みたが、三成の意志は固い。結局、三成を見捨てられず、反家康の首謀者としてともに立った。まず、敵の多い三成が前面に出ぬよう、総大将に毛利輝元、副将に宇喜多秀家を担いで多数派工作を進めた。勝てる陣容を整えることが重要だった。

武将としての評価は高い。豊臣秀吉が「紀之介（吉継）に一〇〇万の軍を指揮させてみたい」と言い、家康も西軍に付いたことを惜しんだ。一方、皮膚病を患っていた。関ヶ原では白い頭巾で顔を覆い、輿《こし》に乗って出陣。東軍に寝返った小早川秀秋の一万五〇〇〇の軍勢を直属の兵六〇〇で二度ほど押し返したが、最後は力尽きた。

三成との友情を物語る逸話も多くの家臣である。ただ、吉継は多くの家臣の命運を握る城主。友情だけで負ける戦に臨むだろうか。病苦や偏見と闘ってきたから、逆境の中にも勝算を見いだせた。才能にふさわしい自信や野心を秘めていたのではないか。［二〇一五年一一月七日］

「大谷刑部少輔吉隆」（都立中央図書館特別文庫室所蔵）

◆大谷吉継〈おおたに・よしつぐ〉　一五五九？～一六〇〇年。父は南近江守護・六角氏旧臣で、その後、浅井氏の家臣となった大谷吉房とされる。豊臣秀吉の小姓となり、賤ケ岳《しずがたけ》の戦いなどで活躍、五万石で越前・敦賀城主に。娘は真田幸村の正室。

増田長盛

家康を弾劾「内府違いの条々」

間もなく紅葉の見頃を迎える埼玉県新座市の名刹《めいさつ》、平林寺に増田長盛の墓があるのは少々意外だった。西軍主要メンバーで、関東になじみの薄い武将の墓が、江戸幕府重鎮・松平信綱やその子孫と同じ寺にある。

長盛は、関ヶ原の戦いには出陣せず、大坂城守備隊を率いた。敗戦後は岩槻城主に預けられた。大坂夏の陣で次男・増田盛次が尾張徳川家を離れて豊臣秀頼に味方し、その責任を取って自害。岩槻（さいたま市）に葬られ、後に平林寺の移転で改葬されたという経緯がある。

長盛の立場を決定的にしたのは、「内府ちかひ（違い）の条々」。内府とは徳川家康の官職・内大臣のことで、「落ち度のない上杉景勝の征伐に出兵した」「伏見城の留守居を追い出して占拠した」「政所様（豊臣秀吉正室）を追い出し、大坂城西の丸に住んでいる」など一三カ条にわたって家康を弾劾した宣戦布告文書だ。長盛と長束《なつか》正家、前田玄以の奉行三人が署名、豊臣政権が家康を敵とする形を取った。いわゆる五奉行のうち、浅野長政は家康に従い、石田三成は表向き謹慎中。家康が会津征伐のため上方を離れた隙に奉行三人を仕切って弾劾状を書かせた。

長盛は戦闘を回避しようと、家康と三成の間を右往左往した揚げ句、隙のない三成の弁舌に抗しきれず、西軍に付いた。一方で三成の動きを家康に内通している。この保身の態度は、三成から見れば卑劣な裏切りである。ただ、長盛自身は争わないことが豊臣家を守る最善策と信じていた。特に家康を相手にするなどとんでもないこと。方策も能力も持たない自身が取り得る道を知っていた。それが豊臣家にとって最も正解に近かったのではないか。

増田長盛の墓がある平林寺＝埼玉県新座市野火止

［二〇一五年一一月一四日］

◆増田長盛〈ました・ながもり〉　一五四五〜一六一五年。豊臣秀吉麾下《きか》で数々の戦いに従軍し、五奉行の一人として活躍、二〇万石で大和郡山城主に。関ヶ原の戦い後は改易《かいえき》。

小山市立博物館で企画展

小山市立博物館（同市乙女）で現在、企画展「小山評定と関ヶ原合戦」が開催中だ。

同館学芸員の尾上仁美さんが「胴の傷は関ヶ原の戦いで受けた矢傷といわれています」と説明するのは、旗本・稲生《いのう》家に伝わった甲冑。天下分け目の激戦の中で戦った誇りとして、修復せず自慢していたのか。

また、上杉景勝が用いたとされる甲冑は個人蔵で初公開。越後から会津に移った後に作らせた可能性があるという。再三の催促にもかかわらず上京しない景勝を攻めようと徳川家康が豊臣恩顧の武将を引き連れて会津へ向かう途中、石田三成の挙兵を聞いたのが小山。黒田長政が福島正則を説得、小山評定で正則が最初に声を上げて流れを作る。

「家康は最初から上杉を攻める気はなかった」とみる尾上さん。「他の武将をどうやって説得するかが難しく、小山評定はその演出としてみると面白い」

展示の書状などで当時の武将らの慌ただしさも分かる。大関資増《すけます》に宛てた浅野幸長の書状は「小山にいたため返事が遅れたが、小山評定の結果、軍勢が次々と帰国している。会津攻めは延期された」との内容。中止ではなく延期としている点が、上杉勢南下を警戒する当時の緊張感を物語っているという。また、関ヶ原合戦図屏風《びょうぶ》や家康の遺品など貴重な史料も展示。

〔二〇一四年五月三一日〕

第四部

北関東の武将たち

佐野信吉

唐沢山城下り佐野繁栄の基礎

国史跡指定が答申された唐沢山城跡（佐野市富士町、栃本町）の南城跡に立つと、南側に開けた関東平野が眼下に広がる。視線の果てに水色の薄い層があり、その中に、よく言ってマッチ棒程度の何かが見えるのだが、東京スカイツリーらしい。

空気が澄んでいた昔は江戸の町がもう少しよく見渡せた。江戸で大火があったとき、佐野信吉はすぐさま江戸城に駆けつけた。「いざ鎌倉」の忠誠心を示したつもりだが、「随分、早かったな」と聞いた徳川家康は、あまりいい気分ではなかった。

信吉は豊臣秀吉に重用された富田家の出身。秀吉の意向で佐野氏に婿入りした。秀吉死後は家康に接近していたが、関東に閉じ込めた上に山の上からの見張り役まで付けていた秀吉の意図を思うと、家康はぞっとした。「山城を下りたらどうだ」

逸話の真実性はともかく、信吉は唐沢山城から平地の佐野城への移転を始める。佐野市教委生涯学習課の出居博さんは「関ヶ原へ向かう徳川秀忠も城に泊まるはずが、城が

堅牢な石垣が残る唐沢山城跡

工事中ということで大庵寺（同市犬伏下町）に泊まったといい、興味深い」。

城の移転に関し、出居さんは「戦って権力を維持、拡大する戦国時代から、街道沿いに城下町を築き、経済、流通を統治して地域を支配する必要があった近世への流れという時代背景を考えるべきだ」と話す。佐野市中心部の社寺はこの頃、周辺部から移転。町割はそのまま現在の市街地につながる。佐野繁栄の基礎となった。小山評定では家康の意向で会場設営、諸将の宿泊施設建設など

［二〇一三年一二月七日］

実務面での功績もある。

◆佐野信吉〈さの・のぶよし〉　一五六六～一六二二年。富田信高の弟で、もとは富田信種。天徳寺宝衍《ほうえん》（佐野房綱《ふさつな》）の養子となって佐野氏を継ぐ。関ヶ原の戦い後は佐野三万九〇〇〇石を安堵《あんど》されたが、後に所領没収。

天徳寺宝衍

広い視野、知られざる剣豪法師

天徳寺宝衍は、小山評定の頃は隠居し、目立った動きはしていない。だが、佐野発展の礎を築いた大名であり、どうにも無視できない。

宣教師・ルイス・フロイスが書いた「日本史」にも登場する。佐野市教委生涯学習課の出居博さんは「足利学校の第一人者として、教養を高く評価されていた」と話す。京都で会ったこの宣教師に「関白様（豊臣秀吉）のご厚意で（佐野の領主として）返り咲くことを期待している」と話したことも書かれている。

その頃、関東は北条氏が支配。宝衍は佐野を離れて秀吉に仕えていた。関東では圧倒的な力を持つ北条氏も天下統一を目前にした秀吉には対抗できない。中央の情勢を把握していた宝衍には確信があった。小田原征伐で先導役を果たし、北条氏配下の小大名が取り潰される中、佐野氏は宝衍が継ぐことで存続した。

大名であったのはわずか二年。秀吉の意向で富田氏から養子に迎えた佐野信吉に家督を譲った。ただ、楽隠居とはいかず、その後も、朝鮮出兵時に九州まで同行するなど秀吉に従い、存在感を示した。隠居の際も信吉とほぼ同格の知行を得ており、秀吉が宝衍に配慮していたこともうかがわせる。ただ、秀吉死後はほとんど表に出ることはなくなった。

家督を継いだ兄との争いを未然に避けるため早くに出家。自由な立場を生かし諸国を回った。武者修行であり、知識欲、好奇心とも旺盛だった。出居さんは「関東だけでなく、大きな流れの中で日本の情勢も把握していた。宣教師と会い、外国から見た日本の姿を知る機会も得た」と広い視野を持っていたことを指摘する。文武両道の剣豪法師だった。

隠居した天徳寺宝衍が晩年を過ごした赤見城跡＝佐野市赤見町

［二〇一三年一二月一四日］

◆天徳寺宝衍〈てんとくじ・ほうえん〉　一五五八？～一六〇一年。佐野房綱《ふさつな》。佐野泰綱の子。兄・昌綱やおい・宗綱を補佐。佐野氏は養子の佐野信吉が継いだ。

小山秀綱

名門の家名守る重圧と苦闘

小山評定が行われたのは現在の小山市役所付近にあった祇園城という説が有力だ。市役所近くの城山公園の土塁と深い堀の遺構が、わずかに当時をしのばせる。

ただ、小山評定に地元・小山の武将の席はなかった。一〇年前の一五九〇（天正一八）年、豊臣秀吉による小田原征伐で、北条方だった城主・小山秀綱は実弟・結城晴朝に攻められて敗退。評定当時は廃城だった。秀綱は地域を最も知る人物だが、縁起を担ぐ徳川家康が落城した城の旧城主を頼ることはあり得なかった。

秀綱の当時の消息はほとんど不明で、小山市企画政策課の佐久間弘行さんは「かつての家来に名目上の官位を与える褒美の手紙くらいしか残っていない。落城後は結城氏に世話になっていたのではないか」。長く敵対関係にあったが、他に頼れる肉親はいなかった。

もともと小山氏と結城氏は一族として連携していたが、上杉氏や北条氏が台頭すると、対応が割れて小山・結城連合は崩壊。一五七六（天正四）年、祇園城は北条氏に攻め落とされ、その六年後、織田信長の仲介で秀綱が城主に復帰したが「北条氏の傀儡《かいらい》で、実質的な統治権はなかった」（佐久間さん）。

藤原秀郷の流れをくみ、源頼朝の信頼が厚かった名門御家人のプライドと、その家名を守らなければならない重圧の中、苦闘。佐久間さんは「小山氏は武士の時代が始まった中世とともに始まり、中世の終わりとともに消えた」と話す。ただ、

赤い欄干の祇園橋。祇園城跡の大部分は城山公園として整備されている＝小山市城山町

秀綱の系統は水戸藩家臣として残り、家名は現在にもつながっている。

［二〇一四年二月八日］

◆小山秀綱〈おやま・ひでつな〉　一五二九～一六〇三年。小山高朝の長男。一五六〇年頃、家督を継ぐ。祇園城は上杉謙信や北条氏照らに攻められ、最終的には北条氏に従った。小田原征伐で領地没収。旧領は弟の結城晴朝に与えられた。

結城晴朝

名家の家督、家康次男に譲る

小山市役所近くの須賀神社（同市宮本町）にある七つ石（夜泣き石）は祇園城内にあった庭石とされ、高札は次のように説明する。石は祇園城落城で敵方・結城城内に運ばれたが、夜中になると哀れげな泣き声を出した。結城城主は早速、祇園城の鎮守の神と仰がれた同神社に運ばせ、それから石は泣かなくなった。

一五九〇（天正一八）年、落城した祇園城主は北条方の小山秀綱。攻めた豊臣方の結城城主・結城晴朝は秀綱の実弟。兄弟は長く敵対関係にあったが、北条氏が関東を支配する中で対応が割れたのであって心底憎しみあったわけではない。城主の地位を失った秀綱は晴朝に保護された。

恐らく不本意ながら北条氏に従い、取り潰された実家・小山氏と別の道を進んだ晴朝は結城氏の家名を守った。小田原征伐後の関東支配者は徳川家康。その家康の次男であり豊臣秀吉の養子でもあった秀康を養子に迎え、両巨頭と良い関係を保ったのは、難しい時期の対応としてはなかなかうまくやった。

小山評定の頃は秀康に家督を譲っており、小山市企画政策課の佐久間弘行さんは「結城家は秀康側近が支えるようになり、晴朝が表立って何かすることはなかったのでは」と話す。果たすべき役割を終え、地元での大イベントに顔を出すことはなかった。隠居の場、中久喜城は今の小山市と茨城県結城市の境にあった。国史跡の城跡はJR水戸線によって真っ二つに分断されている。

［二〇一四年二月一五日］

木々でこんもりしているのが中久喜城跡。JR水戸線で分断されている＝小山市中久喜

◆結城晴朝〈ゆうき・はるとも〉 一五三四〜一六一四年。小山高朝の三男。叔父・結城政勝の養子となり、一五五九年、結城氏の家督を継承。小田原征伐参陣で所領安堵。養子縁組を自ら願い出るなど秀吉との結び付きを求め、秀吉が養子にしていた徳川家康の次男・秀康を養子に迎え、家督を譲る。関ヶ原の戦い後は秀康の国替えに伴い、越前へ。

福原資保

徳川との交渉で中心的役割

関ヶ原の戦いの一カ月後、那須地方の武将へ送った徳川秀忠の書状が那須与一伝承館（大田原市南金丸）に展示されている。ちょっとくせがある文字で、同館学芸員の前川辰徳さんは「神経質な感じの文字が秀忠の性格までうかがえる」と話す。

上杉勢に備えて大田原城を守った福原資保らに対し、この地域の治安が維持されているとの報告を了承し、徳川家康の大坂城入城など徳川家が政権を掌握していく過程をいち早く伝えている。

同内容で二通あり、一通は福原氏、岡本氏に、もう一通は那須氏、伊王野氏に宛てられているが、二通とも福原家に残っていた。前川さんは「福原家が徳川との交渉の責任者だった」とみている。

その約八〇年後、孫が幕府に提出した報告書にも小山評定前後の資保の活躍が記述されている。

評定直前、資保ら那須の諸将は宇都宮・白沢まで来た秀忠から対上杉戦略の「特別の内意」を受け、人質も差し出した。諸将は大田原城、黒羽城などに籠城し上杉勢南下に備えた。資保がその二年前に家康、秀忠に面会したことも書き添えられており、早くから徳川家の味方だったと強調する意図もみえる。

石田三成と関係が深い上杉勢だったが、本格的に東軍の背後を襲うことはなかった。それでも、この大軍は脅威であり、那須諸将の防衛ラインは

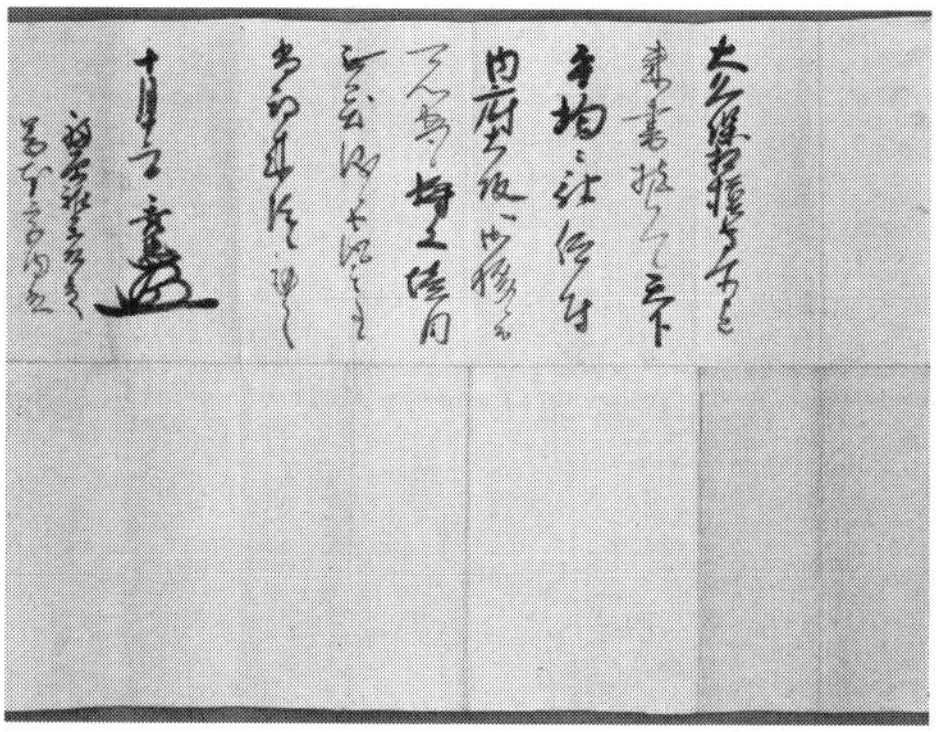

「（慶長５年）10月12日付徳川秀忠書状」（福原家蔵・那須与一伝承館寄託）

東軍勝利を関ヶ原から離れた那須の地で支えた。準備段階から奔走した資保の功績は高く評価された。

[二〇一四年二月二二日]

◆福原資保〈ふくはら・すけやす〉　一五七一～一六三四年。福原資孝の次男。兄・資広の養子として一五九八年、家督を継ぐ。関ヶ原の戦いでは東軍に属し那須氏らとともに大田原城を守備。その功績で二年後までに二一〇〇石加増、佐久山（大田原市）四五〇〇石を治める。

那須七騎

群雄割拠、各家の独立性強く

前回紹介した福原氏を含めて那須地域の有力武将七家が「那須七騎」だ。もっとも那須与一伝承館（大田原市南金丸）の学芸員・前川辰徳さんによると、「那須七騎」という言葉は江戸時代にできたもので、戦国時代は「那須衆」と呼ばれていた。

那須家とその一族である福原氏、伊王野氏、芦野氏、千本氏に、那須家重臣の大田原氏と大関氏を加えた七家で、前川さんは「那須氏を中心とした連合国家のような面もあり、それぞれの独立性も強い」と話す。

那須家といえば、源平合戦で活躍した那須与一。屋島の戦い（一一八五年）で船上の扇の的を射落とした弓の名手で、那須一族は、その与一の兄弟らを祖先に持つ武家の名門である。

与一は名が示すとおり、一一番目の男子で、一〇人の兄がいた。源平合戦では与一と一〇番目の十郎為隆が源氏に、ほかの兄の多くが平氏に味方し、源平合戦後は与一が那須家当主となる。与一には子がなく、五番目の兄の五郎資之《すけゆき》が那須家を継いだ。

福原氏は四番目の四郎久隆、千本氏は十郎為隆の流れ。伊王野氏、芦野氏は那須本家から分立した。家臣であった大田原氏、大関氏は戦国時代に勢力を伸ばして当主・那須家を翻弄。独立勢力として成長していく。大田原氏は大関、福原両家をも乗っ取り、戦国時代の勝ち組といえる。次回以降は諸将の小山評定前後の活躍をみていく。

[二〇一四年三月一日]

道の駅那須与一の郷にある那須与一像。与一の活躍によって那須一族は歴史の表舞台に登場する＝大田原市南金丸

◆江戸時代の那須七騎　大田原、大関両家は外様の小藩ながら大名として明治維新まで続いた。那須氏、福原氏、芦野氏、大田原氏分家が旗本として格が高い「交代寄合」の「那須衆」四家として続く。那須氏は一万四〇〇〇石の大名だったが、お家騒動で取り潰され、その後、旗本として復活。旗本だった伊王野氏、千本氏は跡継ぎがなく途絶えた。ただ、千本氏は宗家が絶えた後、分家が旗本として明治維新を迎えた。

那須資晴

政宗との密約で小田原出遅れ

一　出馬延引之事
一　世上浮沈共ニ尽未来御入魂之事
一　当備之事

那須与一伝承館（大田原市南金丸）に保管されている伊達政宗書状（那須家所蔵、同館寄託）は、豊臣秀吉が小田原征伐を進める裏で那須資晴と政宗が綿密に打ち合わせていたことを物語る。一五九〇（天正一八）年三月、政宗から資晴に送られた密書。同館学芸員・前川辰徳さんによると、①出馬は延期する②情勢に関わらず協力する③今後に備えて軍備を整える――といった簡単な内容。資晴には既に秀吉から小田原参陣の催促があり、政宗に報告していた。

出馬延期とは、小田原征伐には参陣しないという政宗と資晴の密約。結局、この密約は命取りになりかけた。那須家は取り潰され領地没収。前川さんは「資晴が凡庸で時流を読めなかったと解釈されているが、政宗との密約で動くに動けなかったのが真相。徳川家康の動きに期待したのではないか」とみる。

秀吉からも書状がたびたび届いており資晴も早くから豊臣家と交渉していた。一方で強敵に囲まれ、北条氏に敵対できない環境でもあった。

小田原征伐では負け組だったが、嫡男・資景《すけかげ》に五〇〇〇石が与えられ、那須家は存続。関ヶ原の戦いでは上杉勢を牽制《けんせい》し、資晴は家康の御伽衆《おとぎ》に取り立てられている。晩年の悲願は烏山城復帰で、一六〇三（慶長八）年、帰城がかなったら宮原八幡宮（那須烏山市宮原）の鳥居を新造すると約束する願文も出している。那須氏が烏山藩主となり、その悲願が達成されるのは資晴死後七一年の一六八一（延宝九）年だった。

［二〇一四年三月一五日］

那須資晴の墓がある法輪寺＝大田原市佐良土

◆那須資晴〈なす・すけはる〉　一五五七～一六一〇年。小田原征伐で取り潰されが、嫡男・資景が那須家を継ぐことが許された。資晴自身も赦免、隠居料を得た。

那須資景

名家存続決めた「与一」の名

豊臣秀吉が一五九一（天正一九）年、那須資景に「五〇〇〇石の所領を与える」とした書状は「与一郎とのへ」と宛てられた。前年の書状の宛名は幼名「藤王丸」。江戸時代、那須家当主は通称を「与一」と名乗るが、これは資景からだ。

源平合戦で扇の的を射落とした那須与一の活躍から四〇〇年。突然、「与一」の名乗りが復活した。

小田原征伐で参陣しなかった父・那須資晴《すけはる》が取り潰された直後、小田原参陣で勝ち組となった重臣・大田原氏らのとりなしで幼い資景に五〇〇〇石が与えられ、那須氏は復活した。「その際、（大田原氏らが）那須家は与一から続く名家と強調、方便として自ら与一を名乗らせたのではないか」。那須与一伝承館（大田原市南金丸）の学芸員・前川辰徳さんはそうみている。

「那須与一が相手じゃ取り潰すわけにもいくまい」。しゃれが通じたか、名門コンプレッ

那須資景の墓（中央）など大小7基が並ぶ玄性寺の那須家墓所＝大田原市福原

クスを突かれたか、秀吉は那須氏の存続を認めた。

那須氏は浮き沈みが激しく、上那須、下那須の分裂と再統一、重臣らの台頭、小田原征伐を巡る取り潰しと復活を経て、江戸時代は二度廃藩を経験した。廃藩のたびに旗本として復活、明治維新まで存続。江戸幕府も秀吉同様、名家を惜しんだ。

資景は那須氏の菩提《ぼだい》寺・玄性寺（大田原市福原）を再建。墓所には祖先・与一の墓も並んでいる。

［二〇一四年三月二二日］

◆那須資景〈なす・すけかげ〉　一五八六～一六五六年。

資晴の嫡男。関ヶ原の戦いでは、那須の諸将とともに上杉氏を牽制《けんせい》し、後に八〇〇〇石まで加増。資晴死後は遺領六〇〇〇石を継ぎ、一万四〇〇〇石の大名として那須藩を立て初代藩主となった。長男が跡継ぎなく死去したため廃藩となったが、隠居していた資景に五〇〇〇石が与えられ旗本として存続した。

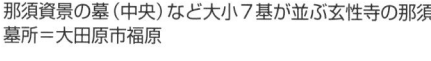

千本資俊

路線対立で粛清された謀将

那須与一の兄・十郎為隆《ためたか》を始祖とする那須一族の名門・千本氏。関ヶ原の戦いでは千本義定が黒羽城（大田原市前田）守備に加わった。義定は茂木氏から養子に入った千本義政の子。那須家から続く千本氏直系は一五八五（天正一三）年、断絶した。義定の前に最後の直系、千本資俊・資政《すけまさ》父子について触れたい。専横を極めた千本氏だったが、滝を落ちるが如《ごと》く悲劇的な結末を迎えた。

一五世紀初め、那須家は兄弟不和から上那須、下那須の両家に分裂、千本氏は下那須家重臣だった。兄・那須資之《すけゆき》に攻撃されて沢村城（矢板市沢）を撤退した那須資重《すけしげ》が下那須家を興し、福原城（大田原市福原）を拠点とする上那須家との対立が約一〇〇年続いた。地元の民話は、資重がカラスに導かれて烏山城（那須烏山市城山）の場所を決め、「地名の由来になった」と伝えている。

資俊は主君の首をすげ替え、那須家の実権を握った。一五五一（天文二〇）年一月、主君の那須高資《たかすけ》を千本城（茂木町町田）に招いて謀殺し、高資の弟・那須資胤《すけたね》を擁立。だが、資胤を継いだ那須資晴《すけはる》によって、一五八五年一二月、実子の資政とともに太平寺（那須烏山市滝）で暗殺されてしまう。資晴にとって「伯父の敵討ち」以上の意味があった。資晴は関東の巨大勢力、北条氏と連携を図ろうとしたが、千本父子は反北条の立場。路線対立による粛清だった。

千本資俊らが暗殺された太平寺＝那須烏山市滝

地元には「師走八日の千本騒動」として事件があった一二月八日の夜は戸締まりを厳重にするという言い伝えが残る。悲劇の地・太平寺は坂上田村麻呂が蝦夷討伐の際、大願成就を祈願して観音菩薩を安置したのが始まり。石段を上ると、朱塗りの仁王門に大きなわらじがいくつも奉納されているのが目に留まる。近くにある龍門の滝は桜の名所だ。

［二〇一四年四月五日］

◆千本資俊〈せんぼん・すけとし〉一五一九～八五年。父は千本資次《すけつぐ》。

千本義定

名門没落も旗本として再起

那須与一の兄・十郎為隆《ためたか》を始祖とし、一族として那須家を支えた千本氏直系の断絶は当主・那須資晴《すけはる》と千本資俊《すけとし》、資政《すけまさ》父子の路線対立による粛清だったことは前回紹介した。これには那須家重臣として台頭してきた大田原氏、大関氏らが関与していて、〝逆臣誅殺〟を提案、直接手を下した。千本領は大関高増《たかます》、福原資孝《すけたか》、大田原綱清《つなきよ》で山分けである。この三人は大田原資清《すけきよ》の長男、次男、三男の三兄弟。同じ那須七騎でも家臣の大関、大田原氏が勢力を増し、一族だった千本氏は没落していく。

直系断絶後の千本氏は茂木氏から養子に入った義政が家系を継ぐが、この後も苦難が続く。豊臣秀吉の小田原征伐に参陣しなかった那須家に従っていたため、一五九〇（天正一七）年、所領没収。翌年、旧領二〇七〇石を返してもらったが、一五九七（慶長二）年、宇都宮氏取り潰しになぜか巻き込まれ、また所領没収。関ヶ原の戦いには高齢の義政に代わり義定が東軍に従軍、徳川方に母を人質に出している。雌伏一〇年、ようやく巡ってきた再起の機会だ。

義定は黒羽城（大田原市前田）守備に参加。城主・大関資増《すけます》とともに三の丸を守り、宇都宮で徳川秀忠から郷《ごう》の義弘《よしひろ》の名刀を贈られた。

三三〇〇石の旗本としての足場を固めた。義定の孫・義等《よしとも》に子がなく断絶

長く千本氏の居城だった千本城跡＝茂木町町田

したが、義等の弟・和隆《なおたか》の家系が旗本として明治維新まで続く。

一方、千本氏は資俊の叔父の系統もある。福原氏から養子に入った千本資勝《すけかつ》は、関ヶ原の戦いで大田原城（大田原市城山）を守る皆川氏の部隊に所属。その功績の加増もあり、八八〇石を知行した。この系統は一六七〇年代に断絶した。

［二〇一四年四月一二日］

◆千本義定〈せんぼん・よしさだ〉　一五六五〜一六二三年。千本義政の長男。関ヶ原の戦い後は旧領二〇七〇石に加えて三〇〇〇石加増。二年後にも一〇〇〇石の加増を受けた。大坂の陣でも活躍。

芦野政泰

最前線守った少年武将

福島県境に近い芦野氏陣屋跡（那須町芦野）は桜が満開となった。約七〇〇本のソメイヨシノで小山一面が覆われ、「御殿山」「桜ヶ城」とも呼ばれる桜の名所だ。

麓にある那須歴史探訪館の斎藤宏寿館長は「戦国時代には桜の木はなかった。木があれば、攻める側は上りやすいし、上から銃で狙われても木の陰に隠れることができる」と話す。

芦野氏は戦国時代前期、居館を麓から山の上に移した。陣屋とはいうが、機能は城そのものである。戦いに備えて攻められにくい山城を構えたのは、この時代の多くの武将と同じだ。

実際、関ヶ原の戦いでは戦場になるかどうかの緊張状態にあった。西軍・石田三成と連携しそうな上杉景勝の領地は目の前。芦野氏陣屋は、上杉勢南下に備える守備隊本隊が結集する大田原城（大田原市城山）、黒羽城（同市前田）のさらに前方に位置する。上杉勢が全軍を繰り出せば、兵力の差は大きく、ひとたまりもない。そうなれば捨て石だ。

この厳しい状況に立たされた当主は、前年にわずか八歳で家督を継いだ芦野政泰。結局、上杉氏が大軍で攻め寄せてくることはなかったが、緊張状態が続く中、最前線を守ったことが評価され、関ヶ原の戦い後は一九〇〇石加増。家臣団がしっかりと少年当主を支えた。芦野氏は三〇〇〇石の旗本として明治維新まで続いた。

［二〇一四年四月一九日］

桜に覆われた芦野氏陣屋跡＝那須町芦野

◆芦野政泰〈あしの・まさやす〉　一五九二～一六一一年。芦野盛泰の長男。一五九九年、盛泰の死去に伴い家督を相続。関ヶ原の戦いでは東軍に属し、人質として母を江戸に送った。一六〇〇年に徳川家康に拝謁、通称・弥左衛門と名付けられた。

芦野盛泰

秀吉うならせた〝へうげもの〟

芦野氏の菩提寺《ぼだいじ》・建中寺《けんちゅうじ》（那須町芦野）に芦野盛泰の書と伝えられる掛け軸がある。豪快な筆さばきで「風月」と書かれた同寺の寺宝だ。

盛泰は関ヶ原の戦いの前年、一五九九（慶長四）年に死去。芦野氏は幼い政泰が当主となって大一番に臨むが、もし盛泰が生きていたらどうだったか。かなり暴れん坊で好戦的な人物だったとみられるのだ。

那須歴史探訪館の斎藤宏寿館長は「当時の那須勢では大関高増《たかます》と並ぶ猛将。薄葉ヶ原の戦いでは三〇〇余騎を打ち取り、塩谷攻めでも活躍した」と話す。一五八五（天正一三）年、宇都宮・塩谷連合軍と那須勢の総力戦となった薄葉ヶ原の戦いでは那須勢の先陣として出陣。那須勢一〇〇〇騎が宇都宮勢二五〇〇騎を破った激戦の最前線で戦った。その後、那須氏が塩谷氏を攻めた際も敵の守備兵を蹴散らし城中に攻め入った。

関ヶ原の戦いでは、西軍に味方しているのか静観しているのか不気味な上杉景勝と国境を接し、那須諸将は緊張状態にあった。芦野氏はその最前線を守備。盛泰なら上杉勢と戦闘に突入したかもしれない。

ただ、盛泰は勇猛一辺倒では終わらない面白さがある。小田

芦野盛泰の書と伝えられる掛け軸（建中寺蔵）

原征伐（一五九〇年）の後、奥州仕置に向かう豊臣秀吉を茶席でもてなし、秀吉から腰刀と黄金を贈られた。那須与一伝承館の前川辰徳学芸員は「茶ができるということは外交力があり、機転が利いた」とみる。近くには堂の下の岩観音などがある。茶席からの絶景が秀吉をうならせたか。

秀吉死去の際には那須勢で唯一、形見分けとして名刀「孫六」が贈られている。「自分の才覚で秀吉に認められたという自負があった」と前川さん。へうげもの（剽《ひょう》げ者、変わり者）の面目躍如だった。

［二〇一四年四月二六日］

◆芦野盛泰〈あしの・もりやす〉　一五五六～九九年。芦野資泰《すけやす》の長男。資泰とともに数多くの合戦で活躍、芦野氏最盛期を築く。

伊王野資重

関ヶ原同日、関山合戦で奮戦

一六〇〇（慶長五）年九月一五日早朝、関ヶ原で天下分け目の戦いが始まったほぼ同じ頃、白河・関山（福島県白河市）でも深い霧が晴れ、激戦の火蓋が切られた。伊王野の軍が上杉景勝の一部隊を攻めたのだ。

当時、那須勢は会津・上杉勢の南下に備え、大田原城（大田原市城山）と黒羽城（同市前田）を拠点とし、芦野・伊王野両氏はその前方の自領を守備。芦野氏陣屋（那須町芦野）は奥州街道沿いで、伊王野城（同町伊王野）は東山道沿い。当時の主要街道は東山道の方だった。

那須守備隊主力の大田原、大関氏に援軍も頼まず伊王野単独で突撃、上杉勢を蹴散らした。ただ、関山合戦は江戸時代の書物「継志集《けいししゅう》」にしか書かれていない。那須歴史探訪館の斎藤宏寿館長は「かなりドラマチックに誇らしげに書かれている。表現の誇張は割り引いてみなければならない」と指摘しながらも、「だからといって史実ではないと決めつけることはできない。史料として研究材料にすべきだ」と話す。

伊王野資信の長男・資重の奮戦もあって上杉軍に快勝したが、資重はこの戦で負傷し、傷が癒えることなく同年死去。伊王野氏は優秀な跡取りを失った。伊王野氏奮戦の背景には、豊臣秀吉の小田原征伐の際、遅参で領地が一万三〇〇〇石から本領七三五石だけに削られたことがある。斎藤館長は「戦闘で手柄を立てることが失地回復の好機と捉えたのではないか」とみる。

馬頭観音などがある伊王野城跡の登り口＝那須町伊王野

戦功で旗本に取り立てられた伊王野氏だが、一六三三（寛永一〇）年、跡継ぎ問題で断絶。「継志集」は水戸藩家臣となっていた子孫が残した伊王野氏の誇りだった。

［二〇一四年五月三日］

◆伊王野資重〈いおうの・すけしげ〉　一五八〇?～一六〇〇年。伊王野資信の長男。資重死後、家督は弟の資友が継いだ。伊王野氏は本領に加え、高根沢一八〇〇石を加増された。

大田原資清

那須版「三本の矢」築いた辣腕

関ヶ原の戦いで、大田原城を拠点に上杉氏を牽制《けんせい》した大田原晴清（一五六七～一六三一年）は初代大田原藩主になった。その大田原氏の躍進は小山評定の半世紀前を生き、辣腕《らつわん》ぶりを発揮した祖父・大田原資清なくしては語れない。資清は那須地域の戦国勢力図を描き替え、地域のリーダーとしてのし上がった。

那須家当主の信頼が厚かった資清だが、ライバルの大関氏、福原氏に陥れられる事件が起きる。一五一八（永正一五）年、「資清に反抗の意思あり」と吹き込まれた那須資房《すけふさ》が資清討伐へ動く。攻められた資清は出家。実兄・麟道《りんどう》の勧めで越前・永平寺に入った。リベンジは二四年後。交流を持った朝倉氏の兵二五〇人が支援。小山、宇都宮、矢板で兵を加え、一五四二（天文一一）年、石井沢の戦いで大関氏を破った。大関増次を自刃に追い込み、増次の父・宗増と和睦。長男・高増を大関氏に養子として送り込み家督を相続させた。

さらに福原氏を攻めようとして金剛寿院（大田原市福原）の仲立ちで和睦、次男・資則（資孝）を養子に送り、福原氏を継がせた。つまりライバル両家を乗っ取ったのだ。自分の家督は三男・綱清に継がせた。

大田原氏を大関、福原両氏が支える那須版「三本の矢」。那須北部を三家で支配。孫三人は関ヶ原の戦いで勝ち組となる。資清はその基礎を築いたゴッドファーザーである。

［二〇一四年五月一〇日］

「大田原資清とその一族」（部分）。中央に描かれているのは資清（龍泉寺蔵）

◆大田原資清〈おおたわら・すけきよ〉　一四八六〜一五六〇年。大田原胤清《たねきよ》の次男。那須資房に信頼され、一字をもらい、名を貴清から資清に改めた。一五四〇年代、大田原城を築いた。大田原氏は埼玉北部の出身で一五世紀末、那須に移り、那須家家臣として活躍。資清の頃、姓も大俵から大田原に改めたとされる。

大田原晴清

秀吉に那須氏再興認めさせる

大関氏、福原氏を乗っ取り、那須氏重臣から主家をしのぐ勢力となった大田原氏。資《すけ》清《きよ》の三男・綱清の代になると、大関氏らとともに一時、主家と対立した。結局は和解して再び那須氏を支えていく。

下克上の戦国時代、主家を滅ぼして大名にのし上がった武将は数知れない。だが、旧勢力がかなり淘汰《とうた》されてしまったこの時代でも、大田原、大関、福原による「三本の矢」は主家のために働いた。

一五九〇（天正一八）年に家督を継いだ大田原晴清は小田原征伐に参陣し、しっかり〝勝ち組〟に名を連ねる一方、取り潰された那須氏のため五歳の那須資景《すけかげ》を伴って豊臣秀吉に謝罪、那須氏再興を認めさせた。東北へ向かう途中の秀吉は大田原城（大田原市城山）にも宿泊したという。

関ヶ原の戦いでも功績を挙げる。会津・上杉勢の状況を探って徳川家に報告。弟の大田原増清や那須資景、福原資保《すけやす》、岡本義保《よしやす》らとともに大田原城を守り、上杉勢の南下に備えた。援軍として服部半蔵らも入城するが、徳川側の監視役でもあった。

小高い山に築かれた大田原城は急な崖となっている東側に蛇尾川が流れ、西は湿地。攻められにくい上、奥州街

「大田原資清とその一族」（龍泉寺蔵）。左上が大田原晴清

道を監視できる重要戦略拠点。二六八年後の戊辰戦争でも同様の機能を果たした。大田原藩は新政府軍に付き、会津攻めの要所となった。今は龍城公園として市民の憩いの場となっており、本丸跡の広場を囲む土塁は春、桜が咲き誇る。［二〇一四年五月一七日］

◆大田原晴清〈おおたわら・はるきよ〉　一五六七～一六三一年。大田原綱清の長男。那須氏と宇都宮氏が戦った薄葉ヶ原の戦い（一五八五年）で初陣を迎えた。一五九〇年、病に倒れた綱清から家督を相続し、小田原征伐に参陣。関ヶ原の戦い後の加増で一万二〇〇〇石の大田原藩初代藩主となった。同藩は外様の小藩ながら明治維新まで続いた。

大関高増

黒羽築城にリーダーの自負心

関ヶ原の戦いの際、上杉勢南下に備えた守備隊拠点は大田原城（大田原市城山）と黒羽城（同市前田）。黒羽城三の丸跡にある「黒羽芭蕉の館《やかた》」学芸員・新井敦史さんは「黒羽城は国道二九四号に重なる関街道を押さえる要衝。大田原城の奥州道中とともに主要街道の一つだった」という。黒羽城主は大関資増《すけます》。千本氏や徳川勢の援軍も入った。

黒羽城を築いたのは、資増の父で大関氏を発展させた高増。一五七六（天正四）年、白旗城（同市余瀬）から黒羽城に移った。新井さんは「黒羽城は中世・那須氏の本拠地。その城に入り、整備することで地域のリーダーとしての自負を示した」とみる。那珂川、松葉川に挟まれた東西両面とも川に削られ、急な崖となった天然の要害。いつ誰と戦うことになるか分からない那須の状況を意識した城は結果的に対上杉勢の戦略的拠点として重宝された。

那須氏の重臣でもある大関氏は常陸・佐竹氏と連携するなどときには独自の動きもみ

せる。高増は一時、主家・那須氏と対立。和解後は剃髪《ていはつ》し「安碩《あんせき》」と名乗るが、ちっともおとなしくならなかった。数々の戦いで奮戦。一方で一五八五（天正一三）年に同じ那須氏重臣の千本氏を謀殺。

勇猛で野心もあり、謀略にも

大関高増肖像（黒羽芭蕉の館蔵）

手を染めた高増だが、新井さんは「高野山に千本氏の供養料を払っていた記録もあり、伊勢神宮に次男の武運長久の祈禱《きとう》を依頼するなど親の顔もみせる」。期待した跡継ぎを早く亡くした晩年、「未庵《みあん》」と称した。「未《いま》だ庵《いおり》を結ばず」。功を成した半生を、自分は未完成だと振り返った。

［二〇一四年五月二四日］

◆大関高増〈おおぜき・たかます〉　一五二七？～九八年。大田原資清《すけきよ》の長男。養子として大関氏を継ぐ。次男・清増《きよます》、長男・晴増《はるます》、三男・資増が順に家督を継ぐが、隠居後も当主との二頭体制で実権を握った。資増は関ヶ原の戦い後の加増で二万石に。黒羽藩初代藩主となった。

宇都宮国綱

突然改易、再興の願いむなしく

関東の名門・宇都宮氏は戦国時代も北条氏の関東支配に屈することなく一八万石の所領を保持した。独力で北条氏に対抗したわけではない。常陸・佐竹氏らと連携、塩谷氏、芳賀氏ら一族も支えた。一方で那須勢とはたびたび激戦を繰り広げた。

宇都宮国綱は北条氏の攻勢に苦しんだが、豊臣秀吉が北条氏を倒すと一転〝勝ち組〟に。石田三成ら豊臣政権中枢との関係も良く、安泰とみられていたが、一五九七（慶長二）年、突然改易（取り潰し）の憂き目に。名門のあっけない幕切れだった。

原因は何か。太閤検地で石高の過少申告が発覚したという説もある。だが、県立博物館学芸部長の江田郁夫さんは「浅野氏から養子を迎える話が反故《ほご》になった。これが痛かった」とみる。豊臣政権重臣・浅野長政の三男・長重《ながしげ》を養子とする計画に国綱の弟・芳賀高武《たかたけ》が猛反対。一族が継ぐべきだとし、養子受け入れ派家臣を殺害。江田さんは「宇都宮は重要拠点で領地も大きい。信頼できる人物でないと任せられない。こうした内紛は政権安定の妨げとして切り捨てられた」と指摘する。

他家お預けの身で朝鮮出兵従軍。戦功による再興を狙ったが秀吉死去でチャンスも消えた。一六〇〇（慶長五）年前後は佐竹氏に世話になっていたようだ。同年八月には徳川家康から書状を受け取る。「上杉景勝が出てくる可能性がある。備えてくれ」との内容。家康も国綱が上杉、佐竹に近いと分かっていながら交流を持ち、国綱も態度を明確にせず、腹の探り合い。負ける方に味方したら、お家再興の機会は失われる。

市街地が見下ろせる多気城跡。戦国時代、宇都宮氏の本拠となった＝宇都宮市田下町

戦後、国替えとなった佐竹氏について秋田に行かなかったのは、お家再興が諦めきれなかったからか。江戸・浅草で寂しく生涯を終えた。

［二〇一四年六月七日］

◆宇都宮国綱〈うつのみや・くにつな〉　一五六八～一六〇八年。宇都宮広綱の長男。嫡男・義綱《よしつな》以降は水戸藩家臣。

南呂院

難局差配した宇都宮の尼将軍

実力主義の戦国時代、女性の活躍は珍しくない。武家以外の階層からの立身出世があるのだから、武家に生まれた女性が家臣を采配することがそれに比べてハードルが高いとはいえない。

安濃津城（津市）の攻防戦で夫を救った富田信高の妻や忍城《おしじょう》（埼玉県行田市）を守った甲斐姫は武勇が伝えられ、井伊直政の養母・井伊直虎《なおとら》は当主も務めた。

宇都宮国綱《くにつな》の母・南呂院も国綱が成長するまで家政を取り仕切った。いわゆる尼将軍である。

夫、広綱は一五七六（天正四）年に三二歳で死去。跡を継いだ国綱は幼く、宇都宮氏は厳しい局面を迎えていた時期でもある。関東王者・北条氏が北関東をたびたび侵攻。やはり関東の名門・小山氏の祇園城（小山市城山町）が陥落。北条氏と連携し、生き残りを図る那須氏はやたらと宇都宮氏と戦闘を繰り返す。宇都宮氏は、南は北条氏、北は

やぐらが復元されている宇都宮城址公園＝宇都宮市本丸町

日光山僧兵や那須勢と敵に囲まれ、この影響で北条氏に寝返る家臣も。内憂外患とはこのことである。

県立博物館学芸部長の江田郁夫さんは「記録は少なく、はっきりしたことは分からないが、病弱な広綱に代わり、妻が有力家臣との合議で家を切り盛りしていた可能性はある」と指摘。実家・佐竹氏の助力を得る一方、次男を結城氏に養子に送り、結城朝勝《ともかつ》と名乗らせた。国綱、朝勝が初陣を迎えた一五七八（天正六）年の小川台合戦で宇都宮、佐竹、結城の三氏連合が北条氏の常陸侵攻を撃退。だが、宇都宮氏改易後の関ヶ原の戦いでは、三氏はそれぞれの道を歩むことになる。

［二〇一四年六月一四日］

◆南呂院〈なんろいん〉　生没年不詳。佐竹義昭の次女。南呂院は広綱死後の号で、実名は不明。「少将」と呼ばれていたという研究も。

結城朝勝

返り咲き狙い、一揆扇動画策

結城を名乗るが、宇都宮の一族である。宇都宮国綱《くにつな》の弟で、結城晴朝《はるとも》の養子となった。関ヶ原の戦いでは宇都宮氏旧臣による一揆を画策、反徳川の立場で奔走した策士だ。

関東制圧を狙う北条氏に対抗する宇都宮、結城、佐竹の三氏連合強化のため結城氏の養子となったが、北条氏滅亡後、結城氏は豊臣秀吉、徳川家康に接近、家康の次男・秀康を養子に迎え、家督を継がせた。

高知大教育学部教授の市村高男さんは「いったん、朝勝が結城氏を継承した可能性がある。結城家の文書に朝勝の記録はほとんどないが、結城家にとって都合が悪く、隠蔽《いんぺい》されたのではないか」とみている。

実家・宇都宮家は取り潰し。朝勝は佐竹義宣《よしのぶ》のもとに身を寄せ、一六〇〇（慶長五）年、関ヶ原の戦いを前に上杉景勝の軍に加わった。景勝の書状では七月一九日以前に参陣したことが分かる。書状の宛名は「結城七郎殿」。朝勝は既に縁が切れた結城氏当主の

結城城跡の一部は「城址公園」として整備されている＝茨城県結城市結城

名乗りを使っていた。
当時、上杉勢に対しては最上、伊達の各氏が北からにらみ、南は那須勢、宇都宮城主の蒲生氏、小山評定後の残留部隊総指揮官・秀康が備えていた。朝勝は上杉軍にあって縁続きの佐竹氏との反徳川連合を仲介した上、宇都宮旧臣や農民を扇動、秀康の足元を揺さぶる計画もあった。
市村さんは「西軍が勝てば、結城氏当主として復活できると思っていた」とみる。徳川勢敗退は秀康追放につながる。実現はしなかったが、東国での反徳川工作には、正当な打算があった。
［二〇一四年六月二一日］

◆結城朝勝〈ゆうき・ともかつ〉　一五六九～一六二八年。宇都宮広綱の次男。宇都宮国綱の弟。晩年は宇都宮恵斎宗安と名乗る。養子を迎え、秋田・佐竹氏家臣に。

芳賀高武

宇都宮版「三本の矢」の末路は…

一本の矢は簡単に折れるが、三本の矢をまとめると折れない。よく知られた「三本の矢」の逸話。毛利元就《もとなり》が死の床で毛利隆元、吉川元春、小早川隆景の三兄弟を諭したという教訓話だ。隆元は父より先に死去しており事実ではないが、元就が兄弟団結を求めたことは確かだ。那須地域でも戦国時代に台頭した大田原資清《すけきよ》が他家へ養子を送った大関高増《たかます》、福原資孝《すけたか》と大田原綱清《つなきよ》の三兄弟による那須版「三本の矢」を築いた。

だが、三本まとめても折れるときはポキッと折れる。宇都宮広綱には跡を継いだ長男・国綱と他家の養子となった次男・結城朝勝、三男・芳賀高武の三兄弟がいたが、一五九七（慶長二）年、国綱の改易《かいえき》（取り潰し）で三人そろって浪人となった。

芳賀氏は宇都宮氏の親族であり、最も重要な家臣。だが、高武は改易の原因をつくった張本人となった。豊臣秀吉の重臣・浅野氏から宇都宮氏が養子を迎えることに反対した。県立文書館専門員の荒川善夫さんは「高武は硬派の人。秀吉や浅野氏は土豪と見く

芳賀氏居城だった真岡城跡「城山公園」には本城稲荷神社などがある＝真岡市台町

び り、養子受け入れは宇都宮氏の伝統ある家柄をけがすと気にくわなかった」と話す。養子受け入れ派の家臣・今泉氏を攻めた。ただ、「豊臣政権内の権力抗争に巻き込まれたという研究もある」とも。

荒川さんによると、昭和五〇年代、芳賀氏子孫が高武の動向を研究している。関ヶ原の戦いでは、客将的立場で上杉氏に従軍し、鮎貝（山形県白鷹町）で最上氏との戦いに参戦。戦功によるお家再興にかけた。最後まで武闘派の立場を貫いた。

［二〇一四年六月二八日］

◆芳賀高武〈はが・たかたけ〉　一五七二～一六一二年。宇都宮広綱の三男。宇都宮国綱の弟。宇都宮一族で有力家臣の芳賀高継の養子となり、高継の死後、跡を継ぐ。子の高成は水戸徳川家に仕えた。

蒲生秀行

激動期の宇都宮を統治

蒲生秀行が宇都宮城主だったのは一五九八～一六〇一年のわずか四年間だが、関ヶ原の戦いを挟む激動の時代だった。

織田信長の信頼が厚く、豊臣秀吉のもとでも出世した父・氏郷《うじさと》の急死で家督を継ぎ、取り潰された宇都宮国綱に代わって宇都宮に入ってきた。間もなく秀吉が死去し、政局は風雲急を告げる。

蒲生氏に代わって会津に入った上杉氏は徳川家康との対決姿勢を鮮明にし、会津と宇都宮の緊張状態は高まる。小山評定後、残留した家康の次男・結城秀康に従い、宇都宮が守備隊の本拠となるが、秀行にとって新領地の宇都宮は国綱や宇都宮旧臣がひそみ、むしろ敵地。国綱の弟・結城朝勝は農民や旧臣を扇動する反乱計画を画策していた。上杉勢とにらみあう守備隊の背後で反乱を起こされていたら、とんでもない失態となるところだが、実際には上杉勢牽制《けんせい》の役目を大過なく果たし、会津復帰につながる。

短期間の統治でもあり、宇都宮には蒲生氏の痕跡はないが、江戸時代後期、「寛政の三奇人」の一人、蒲生君平《くんぺい》（一七六八～一八一三年）が登場する。油商を営む町人の子だったが、祖先は蒲生氏と聞かされ、蒲生の姓を名乗った。蒲生氏が宇都宮から会津に移る際、身重の娘を残し、それから四代目が君平の父という家伝だ。君平の業績をたたえ、大正時代に蒲生神社（宇都宮市塙田）が建てられた。学問の神様として、宇都宮市民に広く愛されている。

［二〇一四年七月五日］

蒲生君平を祭る蒲生神社＝宇都宮市塙田

◆蒲生秀行〈がもう・ひでゆき〉　一五八三～一六一二年。父・氏郷の急死で若くして会津九二万石を継ぐが、一五九八年、大幅な減封で宇都宮一八万石に移る。関ヶ原の戦い後は六〇万石に加増され、会津復帰。

皆川広照

決死の小田原脱出、譜代への道

現在の栃木市を本拠地とした皆川広照は、関ヶ原の戦いの前、大田原城の北方、鍋掛（那須塩原市）に駐屯した。奥州街道の要衝で、県立博物館（宇都宮市睦町）の江田郁夫学芸部長は「上杉勢に備え、交通を監視する最前線の防衛拠点」という。

皆川氏は、小山氏、結城氏と並び藤原秀郷《ひでさと》の子孫、長沼氏の流れをくむ関東の名族だが、このとき、既に徳川家康の家臣だった。そのため、三河武士ではないが、譜代大名として江戸時代を迎える。

家康の家臣となったのは豊臣秀吉による小田原征伐（一五九〇年）のときだ。もともとは宇都宮氏に従っていたが、関東制圧を目指す北条氏の猛攻に抗しきれず降伏。秀吉が二〇万の軍勢で小田原城を包囲したときは北条勢として城内に籠城、竹ノ花口を守った。

広照はここで決死の行動に出る。家来一〇〇人とともに小田原城を脱出。「綿密な作戦と胆力がないとできない」（江田さん）。事前に豊臣方に詳細を示す史料はないが、ともに小田原城を守っていた北条勢の隙を突いて一気に城を抜け出した。

小田原征伐の結果、北条氏とともに滅亡した関東の武将は多い。広照は紆余《うよ》曲折を経て家康にスカウトされ、難しい時代を生き残った。江田さんは「織田信長に名馬を

皆川広照肖像（金剛寺蔵）

贈ったこともあり、時代の趨勢《すうせい》が見えていた。家康も能力を買うとともに、宇都宮、佐野ら豊臣武将がいた下野に味方の勢力が必要だった」とみる。

［二〇一五年二月二二日］

◆皆川広照〈みながわ・ひろてる〉　一五四八～一六二八年。皆川俊宗の次男。関ヶ原の戦い後は下野・皆川一万三〇〇〇石安堵《あんど》。その後、家康の六男・松平忠輝の家臣となり、飯山（長野県飯山市）四万石。失脚したが、常陸府中（茨城県石岡市）一万石で復活した。

皆川隆庸

大坂の陣で奮戦、復権果たす

皆川広照は先の見える武将で、服属していた北条氏を滅亡前に見限って巻き添えを免れた。関ヶ原の戦い前は上杉勢に備える那須防衛ラインの一翼を担い、嫡男・隆庸（当時は重宣《しげのぶ》）とともに奥州街道の要衝・鍋掛（那須塩原市）に布陣したが、情勢の変化を敏感に読み、隆庸を西へ向かう徳川秀忠の軍に参加させた。「上杉は動かぬ、戦功は関ヶ原にあり」と見切った。

ただ、秀忠軍が関ヶ原の戦いに間に合わず、戦功を挙げる機会に恵まれなかったのは誤算だった。

隆庸の戦功の機会は失脚後の大坂の陣。広照・隆庸父子は江戸時代初期、徳川家康の六男・松平忠輝の家臣となったが、改易《かいえき》（取り潰し）の憂き目に遭う。主君・忠輝との対立か、行儀の悪かった忠輝をいさめきれず責任を取らされたか、家臣団の中で派閥抗争に敗れたか。政界や会社でよくある話のいずれかである。

隆庸は大坂の陣で井伊直孝の軍に属し、井伊軍も大損害を被る激戦の中、一歩も引かぬ奮戦ぶりを示した。数年後に父子はともに許され、広照は常陸府中藩（茨城県石岡市）に一万石を得て復権。隆庸は行方《なめがた》郡（茨城県南東部）に五〇〇〇石を得た。広照隠居後は常陸府中藩主に。

山頂の本丸跡に展望櫓がある皆川城址公園＝栃木市皆川城内町

死後は生まれ育った皆川城（栃木市皆川城内町）近くの金剛寺に葬られた。今も歴代当主の墓が並ぶ皆川氏菩提《ぼだい》寺。国替えで故郷とは無縁の地に眠る大名が多かったこの時代としては珍しい。城跡は皆川城址公園として整備され、梅、桜、ツツジなどが季節を彩る。階段状となった高さ八〇《メートル》程度の小山が戦国時代を想像させる。

［二〇一五年二月二八日］

◆皆川隆庸〈みながわ・たかつね〉　一五八一～一六四五年。皆川広照の嫡男。当初の名は重宣。広照の隠居や加増で常陸府中藩一万八〇〇〇石の藩主に。家督は長男の成郷が継いだが、直後に成郷が急死し断絶。成郷の弟が旗本として存続した。

成田長忠

水攻め耐えた忍城から烏山へ

関東を圧倒した北条氏も豊臣秀吉率いる二〇万の大軍に攻められ、一五九〇（天正一八）年、落日のときを迎えた。北条氏配下の武将は進退の決断を迫られる。

このとき、両極端の対応をした武将がともに秀吉配下で大名として存続しているのが興味深い。皆川広照はさっさと見切りをつけて籠城していた小田原城を脱出。一方、徹底抗戦したのが成田氏だ。成田氏長（一五四二〜九六年）と長忠の兄弟が小田原城に籠城、本拠地の忍城《おし》（埼玉県行田市）は家臣団に守らせ、石田三成率いる豊臣軍の水攻めに耐えた。兄弟のいとこ、長親《ながちか》（一五四五〜一六一三年）と氏長の長女・甲斐姫の奮戦が『のぼうの城』（和田竜）で活写されている。

瀬戸際の場面で決断を迫られる当主の責任は重大である。広照の小田原城脱出は「卑《ひ》怯《きょう》な逃亡」との評判がついて回る危険もあったが、天下の趨勢《すうせい》を的確に読み、素早く行動した。一方、北条氏配下の多くの武将が領地を失って没落する中、最後まで意地を通

やぐらが再建されている忍城＝埼玉県行田市

した成田氏も豊臣勢から目の敵にされかねないところだったが、見事に復活した。甲斐姫が秀吉の側室となり、氏長は烏山（那須烏山市）に新たな領地を得た。関ヶ原の戦いの頃は弟・長忠が領主となり、この地で上杉勢に備え、その功績は徳川家康にも認められた。

長忠は大坂の陣に次男・氏宗とともに出陣し、戦功も挙げた。ただ、長忠死後、成田氏の藩政は長く続かず、その後も、戦国時代の領主・那須氏復帰も含めて江戸時代前半は短期間で藩主が交代した。

［二〇一五年三月一四日］

◆成田長忠〈なりた・ながただ〉　一五五〇～一六一七年。成田長泰の次男。嫡男が早世した兄の氏長の養子となって家督を継ぎ、烏山藩主に。関ヶ原の戦い後、烏山二万石から加増されて三万七〇〇〇石に。家督は氏宗が継いだが、氏宗の跡継ぎはおらず、改易《かいえき》（取り潰し）となった。

喜連川国朝

足利家を再興、嶋子伝説の謎

源氏の名門・足利氏が興した室町幕府は一五七三（元亀四）年に足利義昭が京から追放され、滅んだ。江戸時代、将軍家直系は断絶し、連枝の系統もせいぜい藩士にすぎない。唯一、鎌倉公方・足利氏の末裔《まつえい》・喜連川氏が大名として存続した。

喜連川藩（さくら市）は五〇〇〇石。一万石未満で大名という唯一の例外で、その祖が喜連川国朝である。

鎌倉公方はいわば幕府の出先機関だが、次第に将軍家に反目。複雑な経緯をたどり、鎌倉を追われ、下総・古河（茨城県古河市）を拠点とする古河公方と下総・小弓《おゆみ》（千葉市）の小弓公方に分かれた。北条氏が関東で勢力を増すと、両家は衰退。北条氏討伐後、豊臣秀吉が両家を強引にくっつけた。小弓公方家の国朝と最後の古河公方の娘・氏姫を婚姻させ、喜連川に所領を与えた。

この一件のキーパーソンは国朝の姉・嶋子（月桂院）だ。秀吉の側室となり、実家再興を願い出たと伝わる。だが、那須与一伝承館学芸員の前川辰徳さんは「嶋子の思い描いた形ではなかった」とみる。嶋子の願いは小田原征伐に出遅れ、失脚した夫・塩谷惟久《これひさ》の復権だったはず。結果は縁続きとはいえ、対立していた古河公方家と実家の統一。しかも喜連川は没収された婚家の領地だった。さくら市ミュージアム荒井寛方記念館副館長の小竹弘則さんも「秀吉は足利氏の権威を政治利用し、両公方家の対立も一気に解決した。（側室に）泣きつかれて仕方なく決めたわけではない」と指摘する。

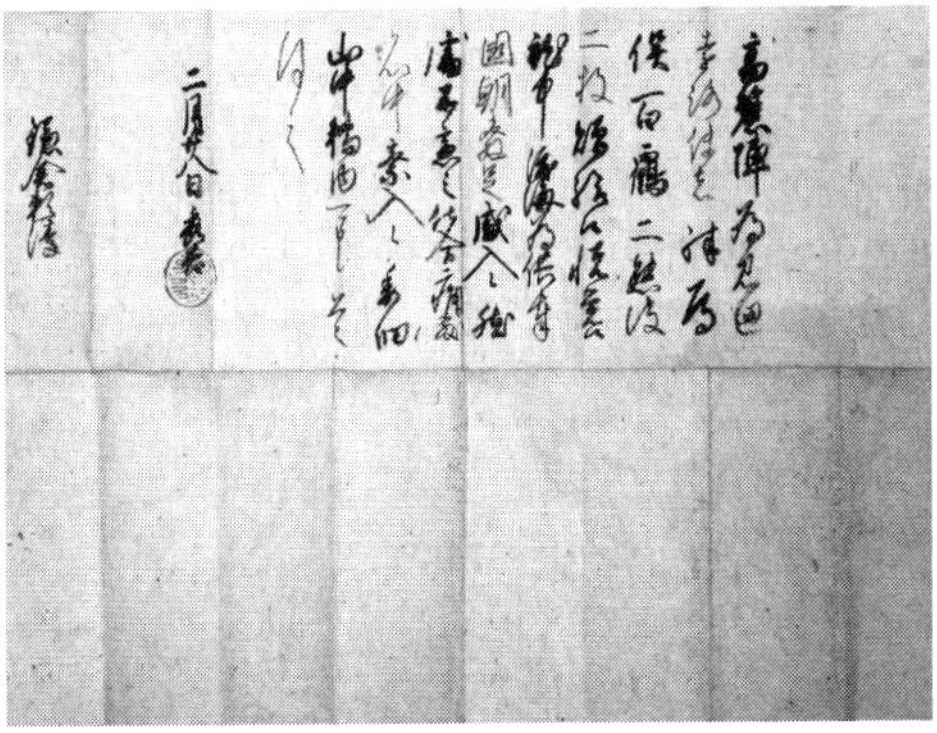

「豊臣秀吉朱印状」（さくら市蔵・さくら市ミュージアム―荒井寛方記念館―提供）

国朝は文禄の役で肥前・名護屋城に向かう途中、広島で客死した。同館は、国朝の死を悼む秀吉の書状など「喜連川文書」を保管している。

［二〇一五年五月二三日］

◆喜連川国朝〈きつれがわ・くにとも〉　一五七二～九三年。足利頼純《よりずみ》の長男。祖父は小弓公方を興した足利義明。死後は弟・頼氏が継ぎ、喜連川藩初代藩主となる。

喜連川頼氏

足利氏末裔〝小さな大大名〟

喜連川藩を治めた喜連川氏は足利氏の末裔《まつえい》であり、五〇〇〇石ながら格式は一〇万石並みの〝小さな大大名〟だった。陣屋は現在のさくら市喜連川庁舎（旧喜連川町役場）にあった。

初代藩主・喜連川頼氏は、若くして病死した兄・国朝の後を継いだ。継いだのは家督だけではない。兄の妻・氏姫の再婚相手にもなった。氏姫は、古河公方家の意地を通したのか、古河城南東の鴻巣館《やかた》で生涯を過ごした。鴻巣館跡は現在、古河総合公園（茨城県古河市）として整備され、見応えのある花桃で知られる。

頼氏は関ヶ原の戦いに参陣していないが、徳川方に味方し、加増も受けた。江戸時代は「国主（国持ち大名）同様」「御三家同様」の特別待遇。さくら市ミュージアム荒井寛方記念館副館長の小竹弘則さんは「参勤交代はない。さまざまな負担も免除されていた」と説明する。

「喜連川文書」の「喜連川家格式書付」（一八一五年、個人蔵）に、日光での法要に使者を送るのは「国主同様」とか、正室に朱傘を用いるのは「御三家同様」とか、参勤交代免除は「諸大名になし」とか、いちいち書かれてある。藩主が家臣に宛てた遺訓で、外部に公表したものではなく、現在の格式を欠かぬよう行動を慎むことを戒めた内部文書だ。

喜連川藩城下町の「寒竹囲いの家」。5代藩主が藩士宅の生け垣として奨励した＝さくら市喜連川

「参勤交代はしないが、藩主は年末に江戸へ行き、新年には将軍に挨拶した」と小竹さん。徳川将軍家に気を使っていたことが分かる。

喜連川氏は明治時代初期、足利に姓を戻す。喜連川文書は散逸したが、子孫で著名な学者でもあった足利惇氏《あつうじ》氏（一九〇一～八三年）が収集し、旧喜連川町に寄贈した。

［二〇一五年五月三〇日］

◆喜連川頼氏〈きつれがわ・よりうじ〉　一五八〇～一六三〇年。足利頼純《よりずみ》の次男。関ヶ原の戦い後、一〇〇〇石の加増で四〇〇〇石に。元禄年間には五〇〇〇石になっている。

塩谷孝信

宇都宮見切り、那須寄りへ

矢板市長井の寺山観音寺にある角型四つ足香炉は同市指定文化財。青銅製で縦一四・五センチ、横一一センチ、高さ一三・五センチ、重さ二一・一キロ。足に刻まれた文字から水戸藩付家《つけが》老《ろう》・中山信治と妻が一六七九（延宝七）年に寄進したと分かる。寺は塩谷氏とゆかりが深い。塩谷孝信の娘を母に持つ信治が、断絶した塩谷氏を弔った。

塩谷氏は戦国時代末期に滅びるが、宇都宮氏や那須氏の興亡に関わり、ときに重要な役割を果たした。塩谷氏はもともと宇都宮一門の重鎮。孝信の父・孝綱は宇都宮正綱の四男で、川崎城（矢板市川崎反町）を拠点にした川崎系塩谷氏を継ぐ。孝信は大蔵ヶ崎城（さくら市喜連川）の喜連川系塩谷氏に養子に入った。

地元では兄殺しの汚名が残る。一五六四（永禄七）年、孝信は実家を攻めて兄・義孝を殺害。川崎城を占拠した。那須与一伝承館学芸員の前川辰徳さんは「北条氏と対抗する宇都宮氏を見切り、那須側に付くため二系統の塩谷氏を統一した」とみている。宇都

寺山観音寺の角型四ツ足香炉（同寺蔵）

宮氏は結城氏、佐竹氏と連携し、北条氏に対抗したが、孝信はその姿勢に不安を感じていたのではないか。さくら市ミュージアム荒井寛方記念館副館長の小竹弘則さんは「ライバル関係の宇都宮氏と那須氏のはざまに塩谷氏の領地があった」と指摘。微妙な立場の中、生き残りへの方策を探っていた。

一五八五（天正一三）年の薄葉ヶ原の戦いでは宇都宮氏と那須氏が総力戦で激突、孝信も奮闘した。中央では豊臣秀吉が関白となる頃で、関東を制圧した北条氏も一五九〇（天正一八）年に滅亡。時代は大きく変わろうとしていたが、孝信は、その結末を見ることなく生涯を終えた。

［二〇一五年六月六日］

◆塩谷孝信〈しおのや・たかのぶ〉 ?～一五八六年。父は塩谷孝綱。喜連川系塩谷氏を継ぎ、妻は那須家重臣・大関氏から迎えた。川崎系塩谷氏を継いでいた兄・義孝を殺害し塩谷氏統一を図る。子に惟久。

塩谷惟久

鎌倉の名門、戦乱に消える

塩谷氏の本拠・川崎城（矢板市川崎反町）を建てた塩谷朝業《ともなり》（一一七四〜一二四八年）は和歌の名手で、鎌倉幕府三代将軍・源実朝とも歌を送り合った。矢板市のキャラクター「ともなりくん」のモデルでもある。だが、塩谷氏の戦国時代はそんなのんびりした話はない。

実家の川崎系塩谷氏と、養子に送られた先の喜連川系塩谷氏の統一を図り、川崎城の兄を殺害した塩谷孝信は、薄葉ヶ原の戦い（一五八五年）で奮戦した翌年に死去。北条氏に対抗する宇都宮氏から、苦労して那須氏寄りにシフトチェンジしたが、時代は目まぐるしく変化する。

跡を継いだ惟久は、豊臣秀吉の北条氏討伐の際、小田原参陣が遅れて領地を失った。秀吉の怒りを恐れ、逃げ出したと不名誉な伝承もある。

那須与一伝承館学芸員の前川辰徳さんは、大蔵ヶ崎城（さくら市喜連川）を追われた惟久が「最後の塩谷氏当主」との見方だ。孝信に殺害された兄・義孝の系統、川崎系塩谷氏も残っており、後に佐竹氏家老として江戸時代も続いていくが、孝信に川崎城を追われた時点で城主としての権勢は失い、残党勢力といった規模だったとみている。

お丸山公園となった大蔵ヶ崎城跡。喜連川スカイタワーは閉鎖＝さくら市喜連川

塩谷氏の両系統は戦乱の中、霧散し、史料も少ない。ただ、城跡は今も見応えがある。川崎城跡公園は空堀や本丸、二の丸の跡が残り、巻き貝のように旋回している順路は堅固な城だったことを想像させる。東側に矢板の市街地が広がり、反対側はほぼ真下に東北自動車道が走る。一方、大蔵ヶ崎城跡はお丸山公園になっている。園内の喜連川スカイタワーは東日本大震災などの影響で閉鎖。園内の立ち入りもようやく部分的に再開された。

［二〇一五年六月一三日］

◆塩谷惟久〈しおのや・これひさ〉　生没年不詳。父は塩谷孝信。子の弥七郎は縁続きの水戸藩付《つけ》家老《がろう》・中山氏を頼り水戸藩士となるが、断絶。

岡本義保

転身成功後に落とし穴が…

戦国時代末期に消えた塩谷氏に代わって台頭したのが、その家臣、岡本氏だ。早くから徳川家康に接近。旗本として江戸時代を順調に滑り出したが、思わぬ落とし穴に沈んだ。

小田原参陣で豊臣秀吉に取り立てられ、泉一五郷三八〇〇石で独立。関ヶ原の戦いの頃は塩谷氏から養子に入った岡本義保が当主で、大田原城守備隊に加わった。義保は那須氏の重臣・大田原氏から妻を迎えており、那須与一伝承館学芸員の前川辰徳さんは「うまく転身できたのは大田原氏との関係が大きい」と話す。もともと宇都宮氏家臣の系列だが、ライバル那須氏周辺の諸将と結び付き、宇都宮の一族が没落する中、那須勢と歩調を合わせた。

二人の弟・保真《やすまさ》、保忠《やすただ》も大坂の陣で活躍。知行も五〇〇〇石近くに増え、義保は保真に一〇〇〇石を分知した。

だが、義保死後、長男の義政がとんでもない事件を起こす。居城・泉城を舞台とした泉騒動だ。叔父の保真を謀殺。その領地を分捕ろうと画策したのだ。悪事は発覚。保真の縁続きの千本長勝らに訴えられ、がたがたやった揚げ句、けんか両成敗。岡本、千本両家は取り潰された。

「御屋敷橋」から泉城跡を望む＝矢板市東泉

義政の弟を芦野氏の養子に送る話があったが破談。保真の一〇〇〇石を相続して知行を増やし、芦野氏を見返そうとしたとされるが、前川さんは「直接奪い取るのは戦国的なやり方。無理がある」。ようやく到来した太平の世に、戦国的気風が残っているのは幕府として面白くない。厳正な処分は「見せしめの意味もあった」（前川さん）。

分知は家の経済力を弱めるが、取り潰された場合、血筋を残すためのリスク回避策でもある。だが、親の心子知らず。栄華は暗転した。

［二〇一五年六月二〇日］

◆岡本義保〈おかもと・よしやす〉　一五七九～一六四一年。父は塩谷義通《よしみち》、母は岡本正親《まさちか》の娘。跡継ぎが早世した正親の養子となり、母の実家・岡本氏の家督を継いだ。

興野伊隆

古文書に残る濃密な主従関係

「上方より数寄《すき》の達者が来ているので、勤めが延引することを心得てほしい。必ず懈怠《けたい》なく精進するように」(大意)。那須資胤《すけたね》(?〜一五八三年?)が興野家の清八郎に宛てた書状。京から来た茶の湯の名人に滞在延長を承諾してもらったので怠けずに茶の練習をするようにと指示し、前年、佐竹義重から贈られた茶入れをやるので家宝にせよと続く。最後は「愚かならば召し返す」。ちゃんとやらなきゃ返してよ、とは、冗談か思いの強さを伝えたのか。

「抜群に面白い」。興野氏子孫の家に残る「興野文書」を直接目にした那須与一伝承館学芸員の前川辰徳さんは興奮を隠さない。戦国時代の古文書は、合戦で活躍した武士に褒美を与える「感状」が多く残っている。知行の権利関係を示し、手柄の証拠。仮に主家が潰れたら、再就職で有利な材料となるため大切に保存された。その点、この書状は「主従のプライベートなやり取りまで分かる」(前川さん)。茶道は政治交渉に必要な作法でもあった。興野氏は最も信頼された那須氏側近だったことを示す。他にも濃密な主従関係を示す文書が残っているという。

清八郎が誰なのか不明だが、文面と茶道流行の時期から、資胤の晩年に若い武将に宛てたとみられ、前川さんは「興野伊隆かその兄弟の可能性もある」とみている。

伊隆は那須氏存亡の一戦、薄葉ヶ原の戦い（一五八五年）で活躍。那須資晴（一五五七～一六一〇年）から贈られた感状の写しも残っている。

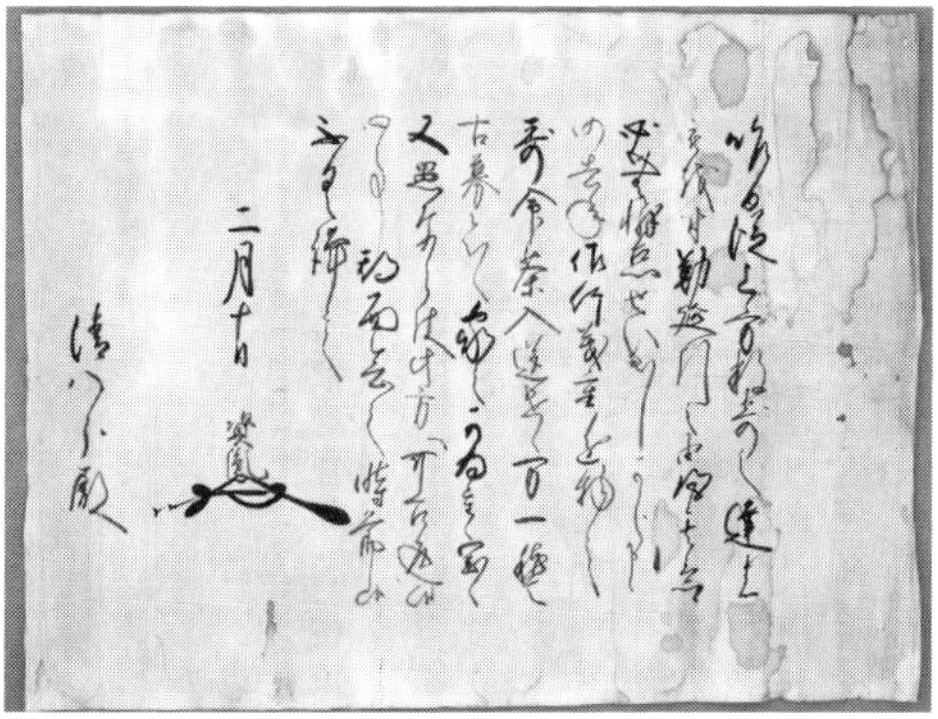

那須資胤から興野伊隆の父・隆徳に宛てた書状も多く残っている。（年不詳）2月10日付那須資胤書状（個人蔵）

関ヶ原の戦いの頃は、父・隆徳《たかのり》（一五四〇～一六〇四年）の隠居で次男の伊隆が当主だった。

［二〇一五年六月二七日］

◆興野伊隆〈きょうの・これたか〉　一五六〇～一六三六年。伊隆の家系は江戸時代、武士の身分を捨て農家となるが、貴重な興野文書が保存されている。興野氏分家は黒羽藩や水戸藩の藩士として続いており、それぞれ伊隆の弟の家系とされる。

水谷勝俊

先を読み、いち早く徳川に接近

常陸・下館（茨城県筑西市）を拠点にした水谷勝俊は、結城氏の家臣であり、独立した地方領主でもあった。北条氏滅亡後、関東に移ってきた徳川家康に接近していく点は皆川氏と共通する。三河武士ではないが、江戸幕府成立前に家康に従っていた譜代大名同格の「譜代成《なり》」。そして、家康の次男・秀康を結城氏の養子として迎える立役者でもある。「時代の先が読めた人物」と評価されている。

家康にとって関東への移転はやっかいな問題だった。まず、武士団の構造が違う。家康への忠誠心が厚い三河武士に比べ、関東武士は独立した小領主でありながら、大きな傘となる有力武将に家臣として従う。その領主の頭越しに外部勢力と独自に外交する場合もある複雑な構造だ。

家康に関東移転を命じた豊臣秀吉としては、家康に難治の地を与え、失政があれば、勢力減退の口実にする。そこまで計算通りにならなくても領地経営に苦労して秀吉に対抗する余裕はなくなるという思惑だ。家康側も分かっていて、地域をよく知る者のスカウトに力を注いだ。

結城氏家臣でもある勝俊は、徳川から養子を受け入れることを提案。結城氏は北条氏対抗策

小倉魚禾筆水谷勝俊肖像（1944年）（高梁市歴史美術館蔵）

として同盟関係の宇都宮氏から養子を迎えていたが、勝俊は宇都宮氏に頼っていては家中はまとまらないと見極めた。

長男・勝隆の時代に国替え。兄・正村の武勇を含めた水谷氏歴代当主の功績は、移転先の岡山県高梁市で顕彰されている。

［二〇一五年七月一八日］

◆水谷勝俊〈みずのや・かつとし〉　一五四二～一六〇六年。水谷治持の次男。兄・正村の隠居で家督を継いだ。関ヶ原の戦いでは、佐竹義宣を牽制《けんせい》した功績で二万五〇〇〇石を安堵《あんど》。長男・勝隆は備中・成羽《なりわ》藩、松山藩（岡山県高梁市）に移り、松山藩の基礎を築いた。

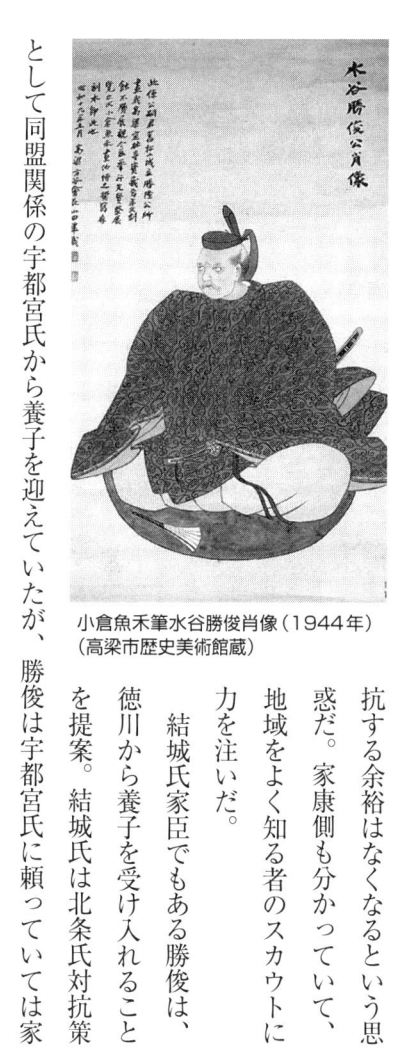

多賀谷重経

嫡男追放して反徳川貫き没落

結城氏の家臣・水谷《みずのや》勝俊はいち早く時代を読み、徳川家康の次男・秀康を結城氏の養子として迎え入れることを提案したのに対して、全く逆の姿勢を示したのは、同じく結城氏の家臣・多賀谷重経だった。

水谷氏の拠点は下館（茨城県筑西市）、多賀谷氏は下妻（同県下妻市）と近く、両家はライバル関係にあった。重経は、勝俊の献策に大反対。賛成した嫡男・三経《みつつね》を追放して代わりに佐竹義重の四男・宣家《のぶいえ》を婿養子とし、家督を譲ったというからむちゃくちゃだ。同県結城市在住の郷土史研究家・須藤和利さんは「結城を離れ、佐竹についていこうとした。佐竹に勢いがあり、目の前の動きに幻惑されたのかもしれない」とみる。一方、「これからは徳川」と判断したのが三経だった。

親子の選択は明暗を分けた。重経は、養子・宣家の妻とは別の娘も義重の嫡男・義宣《よしのぶ》の後妻とし、佐竹氏の忠実な同盟者となった。関ヶ原の戦いでは、上杉景勝に同調し、福島・棚倉に出兵したが、佐竹氏は動かず、ほとんど独り相撲。家康の小山在陣時に襲撃計画も立てたという説もあり、改易《かいえき》（取り潰し）となった。追放した三経は秀康重臣として越前に移り、養子の宣家は実家・佐竹氏に戻り、秋田へ。家臣団はバラバラとなり、寂しい晩年を迎えた。

多賀谷氏は、結城合戦（一四四〇年）の奮闘など結城氏再興に功績があり、所領も二〇万石まで拡大。重経はその最盛期を誇ったものの自身の手で名門を没落

多賀谷城跡公園。本丸跡には明治時代、旧家臣が建てた石碑が残る＝茨城県下妻市本城町

させてしまった。

越前に移った三経は三万二〇〇〇石と秀康の家臣でありながら大名並みの所領を得た。父に反目したからこそ多賀谷の名も残せた。「何が親孝行になるか分からない」（須藤さん）

［二〇一五年七月二五日］

◆多賀谷重経〈たがや・しげつね〉　一五五八～一六一八年。多賀谷政経の子。たびたび結城氏からの独立を図って行動した。晩年は彦根藩に仕えていた四男・茂光を頼った。

益子忠宗

リストラ後に変名？ 新説浮上

県内の有力武将、特に宇都宮氏周辺は一五九七（慶長二）年、宇都宮国綱の改易《かいえき》で没落し、小山評定は蚊帳の外。中には益子氏のように消息さえ分からない例もある。芳賀青年の家所長の松本一夫さんは「史料もなく、系図も混乱。分立していたことを反映している」と話す。

益子氏は、三十六歌仙の一人、紀貫之で知られる紀氏を源流とする。清原氏の流れ、芳賀氏とともに宇都宮氏を支えた。益子は宇都宮氏が下野に勢力を拡大する最初の根拠地だったといい、松本さんは「紀清両党といわれ、鎌倉期は宇都宮氏の屋台骨を支えたが、戦国期には芳賀氏の力が強く、差をつけられた」。戦国時代、益子のほか岩瀬（茨城県桜川市）に根拠地を持つが、同じ宇都宮一族の笠間氏と領地が近く、対立が続いた。宇都宮、笠間、芳賀連合軍に攻められ没落。松本さんは「二、三家に分立していたので全滅したわけではない」とみる。

陶芸メッセ・益子遺跡広場は掘立柱建物跡が発見された益子古城本郭跡。奥は益子陶芸美術館＝益子町益子

戦国期の当主の名前さえも諸説あるが、県立博物館学芸部長の江田郁夫さんは、益子治宗が笠間氏と抗争後、隠居した睡虎斎宗竹《すいこさいそうちく》だったとみる。その後は忠宗が引き継いだ。小田原征伐の際、豊臣秀吉に拝謁した宇都宮国綱とともに益子の名が出てくるが、直後には益子城主として別人の名が残る。江田さんは「宇都宮の家中が再編された。豊臣大名として生き残るためには内紛があってはいけない。集権化が図られた」と説明する。益子氏は「ぴたっと姿を消すが、名前を変えて生き残ったのではないかと思い始めている」。

伊勢神宮内宮の神官による佐八《そうち》文書は、最大支援者だった宇都宮家臣団の動向を伝える。いわば顧客リストである。この中で、「片岡駿河守殿」を「ましこ殿之事也《どののことなり》」と記している。これが忠宗だったのか。リストラで城主の地位は追われたが、「その後の人生があったはずだ」。江田さんは新見解を練っている。

［二〇一五年八月一日］

◆益子忠宗〈ましこ・ただむね〉 生没年不詳。父は治宗。

由良国繁

母・妙印尼の機転で家名守る

足利市と群馬県太田市の結び付きは強く、県境を越えて経済圏、生活圏が一体となった地域だ。戦国時代、両地域の支配者は兄弟だった。

足利に、弟の長尾顕長《あきなが》（一五五六〜一六二一年）。由良氏から婿入りし、長尾氏の家督を継いだ。長尾氏は山内上杉氏の家老の家だ。兄・由良国繁は太田金山城主。由良氏は、新田氏の一族・岩松氏の重臣から下克上で実権を握り、国繁の父・成繁が横瀬氏から由良氏に改姓した。

北条、上杉、武田といった有力大名のはざまで状況をみながら対応してきた兄弟だが、北条氏の関東支配に抵抗できず、国繁は金山城を明け渡し、桐生氏から奪った桐生城（群馬県桐生市）に退いた。

豊臣秀吉の小田原征伐の際、兄弟は北条方として小田原籠城。このままでは北条氏とともに滅亡である。県立博物館学芸部長の江田郁夫さんは「キーとなるのは二人の母・

妙印尼《みょういんに》」という。桐生城にいた妙印尼は前田利家を通じて秀吉に降伏。江田さんは「兄弟とそれなりの連絡があっただろうが、（小田原城が）包囲された後は厳しい。彼女の力量であったことは間違いない」とみる。

金山城跡。石垣が復元されている大手虎口＝群馬県太田市金山町

北条氏配下の武将が没落する中、国繁は母の奔走で、それまでの領地に代わり、常陸牛久（茨城県牛久市）五四三五石を得た。金山城は廃城となったが、由良氏は存続。高家として明治維新を迎えた。一方、顕長は一時、佐竹氏に仕えたが、結局浪人となり、長尾氏は表舞台から消えた。

金山城は関東七名城の一つで国指定史跡。調査、復元が進み、関東の山城では珍しく、本格的な石垣、石敷きが多用されていた。ふもとには太田市のガイダンス施設がある。

［二〇一五年八月八日］

◆由良国繁〈ゆら・くにしげ〉　一五五〇～一六一一年。由良成繁の長男。関ヶ原の戦いでは江戸城を守備。下総・相馬郡の一六〇〇石を加え、計七〇〇〇石となった。

佐竹義宣

上杉と密約、関東攻め画策か

水戸市民が水戸黄門こと徳川光圀《みつくに》を敬愛する思いはとても強く、ドラマ「水戸黄門」継続要請とか『光圀伝』（冲方丁《うぶかたとう》）の大河ドラマ化要望とか署名活動を市を挙げて展開したこともある。真夏の「水戸黄門まつり」は宇都宮でいえば「ふるさと宮まつり」のようなイベントか。

ただ、茨城県立歴史館（水戸市）の研究員・寺崎理香さんは「県北には佐竹びいきも多い」という。佐竹義宣は関ヶ原の戦い後、水戸を追われ、秋田に国替えとなった。東軍と戦火を交えたわけではないが、徳川家康は上杉景勝との連携を疑い、関東諸将に警戒させた。

寺崎さんは、義宣と石田三成の関係を強調する。一五九九（慶長四）年、三成を快く思わぬ武断派の七将が三成襲撃を企てたとき、義宣は三成の大坂脱出を助けた。そして関ヶ原の戦い前、「三成を絡めた形では定かではないが、義宣と上杉に密約があった。佐竹側に明確な史料はないが上杉側史料から推測できる」。

当初、義宣は家康の指示で会津国境に進軍。だが、徳川家への人質要求を拒み、軍を引いて水戸に戻る。家康の後方攪乱《かくらん》を狙い、上杉勢とともに関東乱入の機会をうかがった。

佐竹義宣肖像画（天徳寺蔵）模写＝茨城県立歴史館

関ヶ原の戦いは一日で決着。父・義重はすぐさま戦勝祝いの使者を出すよう進言。体裁を取り繕う動きを見せる。義重が徳川寄りで、義宣が石田寄りだったとの見方もあるが、寺崎さんは「親子で対立していたということはない。勝敗は分からなかった。親子とも佐竹氏発展のチャンスにかけた」。ただ、東軍が勝った以上、野心はきっぱり捨てた。家名を守るため素早く行動した。

［二〇一五年一〇月一七日］

◆佐竹義宣〈さたけ・よしのぶ〉　一五七〇～一六三三年。「鬼義重」と呼ばれた佐竹義重の長男。常陸を統一し、拠点を太田城（茨城県常陸太田市）から水戸に移す。関ヶ原の戦いの後は、常陸五四万五八〇〇石から秋田二〇万五八〇〇石に減封。

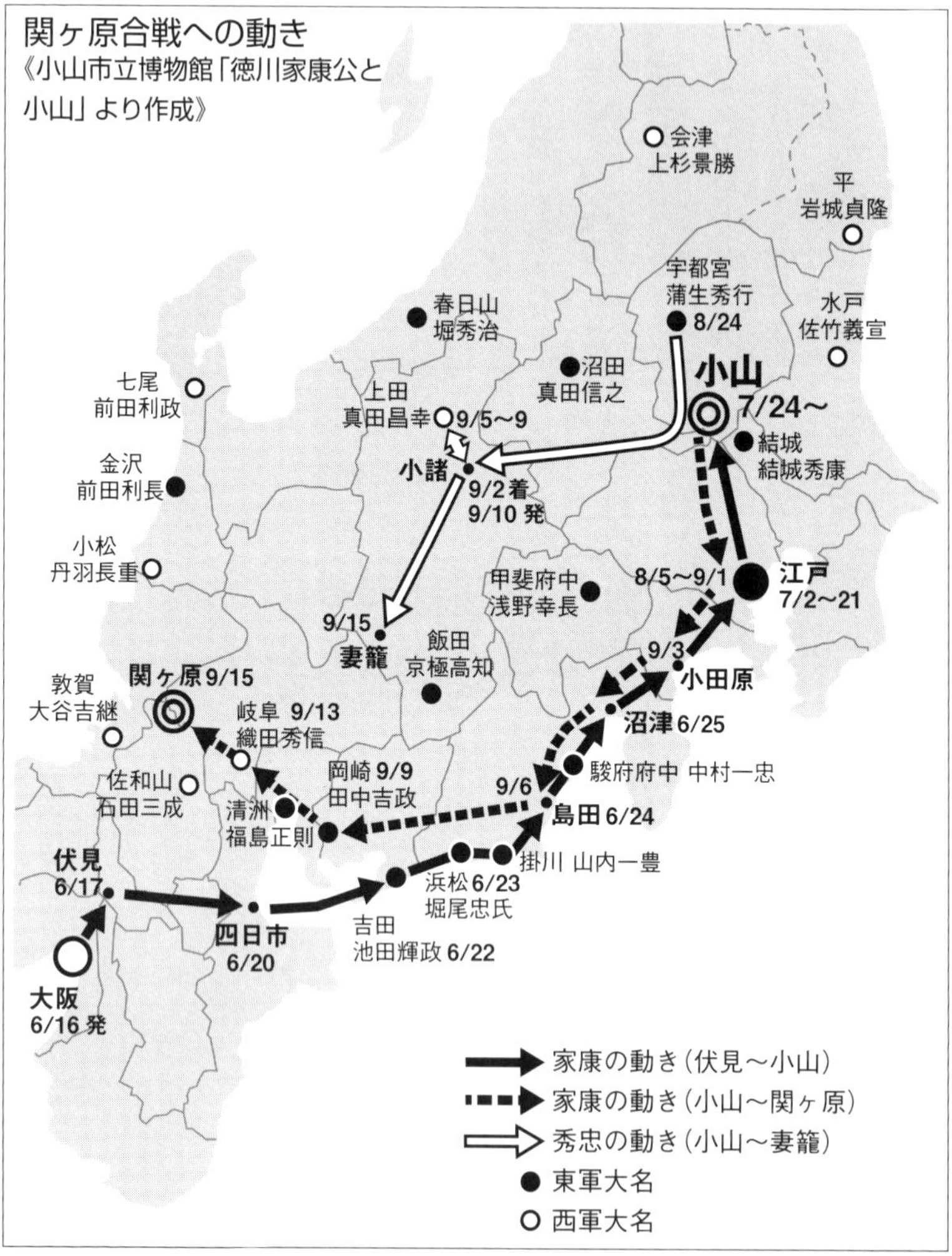
関ヶ原合戦への動き
《小山市立博物館「徳川家康公と小山」より作成》
会津
上杉景勝
平
岩城貞隆
宇都宮
蒲生秀行
8/24
水戸
佐竹義宣
春日山
堀秀治
沼田
真田信之
小山
7/24～
七尾
前田利政
上田
真田昌幸
9/5～9
結城
結城秀康
金沢
前田利長
小諸
9/2着
9/10発
小松
丹羽長重
甲斐府中
浅野幸長
8/5～9/1
江戸
7/2～21
9/15
妻籠
飯田
京極高知
9/3
小田原
敦賀
大谷吉継
関ヶ原9/15
岐阜 9/13
織田秀信
沼津6/25
佐和山
石田三成
岡崎 9/9
田中吉政
9/6
駿府府中 中村一忠
清洲
福島正則
島田6/24
伏見
6/17
掛川 山内一豊
浜松6/23
堀尾忠氏
吉田
池田輝政6/22
四日市
6/20
大阪
6/16発
家康の動き（伏見～小山）
家康の動き（小山～関ヶ原）
秀忠の動き（小山～妻籠）
東軍大名
西軍大名

第五部

徳川家の親藩・譜代大名たち

井伊直政

徳川最強武将、交渉でも手腕

　東京都世田谷区の豪徳寺に、桜田門外の変（一八六〇年）で斬殺された大老・井伊直《なお》弼《すけ》の墓がひっそりとあり、広い敷地の一番奥のためか、夏でも寒気を感じるのだが、この寺でよく知られているのは招き猫で、招福殿脇には奉納された招き猫がぎっしり並ぶ。彦根藩主・井伊直孝が猫に招かれ雷を避けた逸話が残る井伊家の菩提寺《ぼだいじ》だ。

　直孝の父は徳川四天王の一人、井伊直政。直政隊は甲冑《かっちゅう》を朱色で統一し「赤備え」と恐れられた〝徳川最強軍団〟で、関ヶ原の戦いでも見事に奮戦した。直政はそのときの鉄砲傷が悪化し、一六〇二（慶長七）年に死去。戦場に生きた純粋の武人のイメージだが、彦根城博物館学芸員・野田浩子さんは「政治交渉でも徳川家康の片腕として活躍した。特に黒田長政と個人的に信頼関係を築き、関ヶ原の戦い前には、長政を介して豊臣秀吉配下の大名の多くを味方に引き入れた」と指摘する。

　長政は軍師官兵衛の嫡男。現存する書状などで、直政と長政のやり取りは分かるが、直政が長政を取り込もうとした真意までは分からない。ただ、両将が理性的な人物であったとは想像できる。謀略を駆使し打算で動くか、逆に感情的な人物は、いざというときに計算できない行動に出る可能性があり、そういうリスクは回避したかった。

また、関ヶ原の戦いでは、娘婿で家康四男の松平忠吉とともに、先鋒《せんぽう》・福島正則の前に出て開戦の火蓋を切った。あえて抜け駆けし、大勢の豊臣武将が参戦したこの戦いで、徳川勢が重要な役割を果たしたことをしっかりと示した。

［二〇一四年一〇月二五日］

井伊直政画像（彦根城博物館蔵）

◆井伊直政〈いい・なおまさ〉 一五六一～一六〇二年。遠江出身。今川氏家臣・井伊直親の長男。関ヶ原の戦い後は、高崎一二万石から彦根一八万石に加増。

本多忠勝

家康の威厳代行し進軍指揮

「家康に過ぎたるものは二つあり、唐の頭《かしら》と本多平八」。唐の頭は徳川家康が持っていた珍品のかぶと飾り。引き合いに出されただけで、ここで称賛されているのは、家康の家臣・本多忠勝の武功である。愛用のやりは「蜻蛉切《とんぼきり》」。穂先に止まったトンボが真っ二つになった。こういう話はそのまま信じると、戦国時代のすごさとか面白さが分かる。

小山評定後、東軍は二手に分かれて西へ向かう。家康の三男・秀忠率いる徳川主力部隊は中山道を行き、忠勝の長男・忠政も従っていた。忠勝は井伊直政とともに東海道を進む部隊に。こちらは小山評定で家康に味方することを約束した福島正則・山内一豊ら豊臣恩顧の武将が中心。進軍指揮とともに監視役でもある。

この頃、豊臣政権の奉行三人、増田《ました》長盛、長束《なつか》正家、前田玄以《げんい》が連名で家康を非難する書状「内府ちがひ（違い）の条々」を発行。東軍諸将がこれを知るのは小山評定直後とする説が有力で、石田三成挙兵に豊臣政権中枢の奉行が同調していれば小山評定の前提が崩れる。家康は江戸に戻って腰を上げず、情勢を見極めていた。その家康の意向をくんで西へ向かう先行部隊の結束を緩めず、家康の威厳をも代行しなければならない。家康の厚い信頼がなければこなせない重要な任務だった。

本多忠勝画像（個人蔵・岡崎市美術博物館提供）

長女・小松姫は真田信之に嫁いでいた。戦後は、徳川に忠節を尽くす婿・信之の願いを聞き入れ、敵に回った真田昌幸・幸村親子の助命に奔走。真田氏との戦いで関ヶ原に間に合わなかった秀忠らの憎しみは大きかったが、堂々とした態度で敵将の助命を嘆願し、押し通した。家康も一目置く武勲と実直さが利いた。

［二〇一四年一一月八日］

◆本多忠勝〈ほんだ・ただかつ〉　一五四八～一六一〇年。三河出身。代々松平（徳川）氏に仕える本多忠高の長男。通称・平八郎。関ヶ原の戦い後は、上総・大多喜一〇万石から伊勢・桑名一〇万石に移った。

榊原康政

四天王一角、那須勢とも交渉

群馬県の「上毛かるた」に「つる舞う形の群馬県」とある。鶴の頭は館林市。夏の暑さが話題となるが、「は」の札で「花山公園つつじの名所」と、群馬県立つつじが岡公園が読まれている。「花山」とも呼ばれるツツジの名所の由来には館林城主・榊原康政の側室が沼に身を投げたという伝説がある。

康政は「徳川四天王」の一人。井伊直政（一五六一～一六〇二年）、本多忠勝（一五四八～一六一〇年）を含め、年上の酒井忠次（一五二七～九六年）だけでなく、いずれも徳川家康に遠慮なく物が言える古参の重臣たちだ。忠次は既に死去していたが、康政ら三人は小山評定前後の活躍で江戸幕府の基礎を築いた。

一六〇〇（慶長五）年七月、上杉景勝を攻める会津征伐に向かう途中、石田三成挙兵を知った家康は重臣らの意見を聞く。いずれも景勝を攻めず、三成との決戦を進言した。

また、黒羽芭蕉の館（大田原市前田）の学芸員・新井敦史さんによると、康政は七月

二六、二七日に大田原城、黒羽城を巡視、那須勢に人質を差し出すよう勧告した。「那須記」の記述が一部、古文書で裏付けられたという。両城には地元の那須勢に加え、徳川家臣団も入って上杉勢に備えるが、那須勢が寝返らないように注意する

榊原康政の墓＝群馬県館林市の善導寺

必要があり、重要な交渉だった。黒羽城には康政の家臣を派遣して修築するなど守備隊の準備も進めた。その上で家康の三男・秀忠率いる徳川主力部隊に加わり、中山道から西に向かった。秀忠を補佐する重要な役目だった。

［二〇一四年一一月一五日］

◆榊原康政〈さかきばら・やすまさ〉　一五四八～一六〇六年。三河出身。榊原長政の次男。通称・小平太。同年齢の本多忠勝とともに家康側近として武功を挙げた。関ヶ原の戦い後は、上州・館林一〇万石を安堵《あんど》。家督は三男・康勝が継ぎ、長男・忠政は大須賀氏を継いだ。

本多正純

宇都宮城下整備も突然の更迭

小山評定の頃、徳川家康の側近として台頭し家康隠居後も「大御所政治」で権勢を振るった本多正純は、宇都宮城主になると、大規模な公共工事を始めた。城の大改修と城下町整備、奥州街道付け替え、日光街道開設である。宇都宮東高校教諭・川田純之《じゅんし》さんは「現在の宇都宮は正純が造った形が元になった」と話す。

宇都宮城の南から田川に沿って北上していた奥州街道を城の西側に通して、宇都宮市伝馬町から現在の大通りと重なるように東へ。一方、宇都宮地裁の横から北上する清住町通りが日光街道の起点となった。現在の主要道にも生かされ、通り沿いの商人の町も現在の市街地と重なる。

宇都宮の街づくりに功績を残した正純だが、一六二二（元和八）年、突然更迭された。天井から巨石が落下する仕掛けを宇都宮城に施し、将軍を暗殺する計画が露見したという「宇都宮釣天井事件」は創作だが、川田さんは「二代将軍・徳川秀忠が日光参拝の帰途、予定を変えて宇都宮に泊まらず、その後、正純が改易《かいえき》（取り潰し）になった。秀忠やその側近にとって、家康時代の実力者・正純は邪魔な存在。幕府内の権力争いの結果だった」とみている。

宇都宮拝領前は小山藩主だったが、家康側近として駿府（静岡市）で国政を取り仕切っており、自領で過ごす時間はわずかだったはずだ。

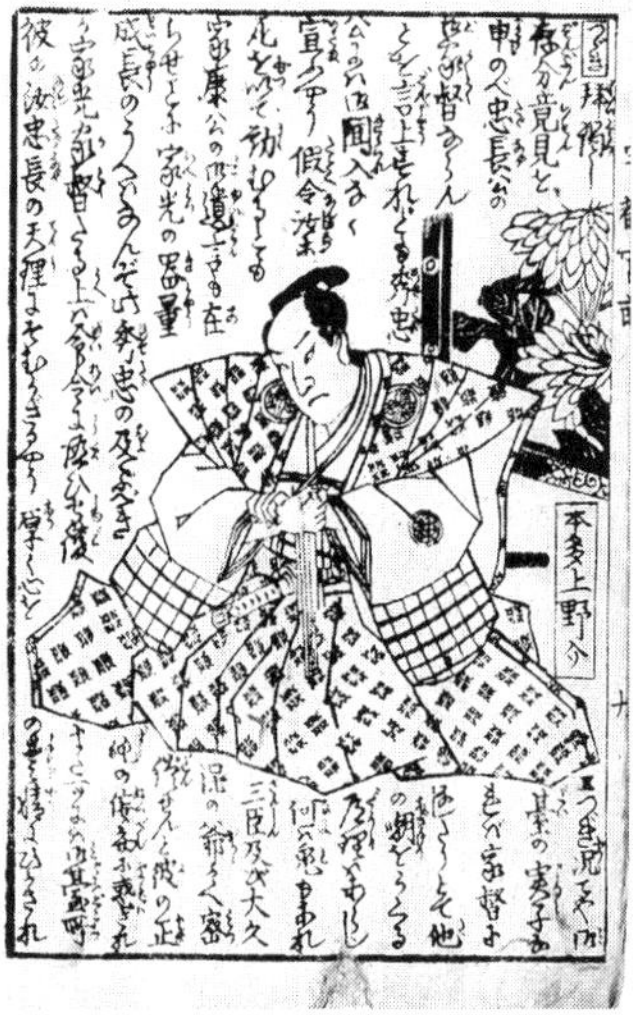

本多正純を描いた「釣天井宇都宮奇談」の挿絵（栃木県立図書館蔵）

国政でも街づくりでも先が見えた能吏も、晩年は秋田で想定外の幽閉生活。輝かしい前半生にもかかわらず肖像画は残っていない。「釣天井事件」を扱った後の時代の本の挿絵に悪役として登場するくらいだ。

［二〇一四年一一月二一日］

◆本多正純〈ほんだ・まさずみ〉　一五六五～一六三七年。徳川家康の参謀・本多正信の長男。家康に従って関ヶ原の戦いにも参戦。小山などに三万三〇〇〇石を与えられ、後に佐野二万石加増。一六一九年に一五万五〇〇〇石で宇都宮藩主となったが、三年後に改易となった。

本多正信

清廉だった家康の参謀

天下取りへと動き出し、ついに豊臣家を滅ぼした徳川家の慶長年間（一五九六～一六一五年）は、「本多時代」と言えるほど、本多正信・正純親子が権勢を振るった。徳川家康の天下取りは多くの武功の臣に支えられたが、重量打線だけでチームは作れない。変化球投手も必要だ。知略を発揮した参謀が正信だった。

正信は、関ヶ原の戦いで家康の三男・秀忠の軍に従い、秀忠が二代将軍になると、顧問的立場で補佐。隠居した家康は正純を側近とし、駿府（静岡市）にいながら本多親子を介し江戸の秀忠をコントロールした。

本多親子の権勢の根源は家康の権威。正信はそれをわきまえていた。徳川四天王ら武功派重臣が一〇万石前後の所領を得た頃も正信の所領は一万石で、晩年の加増も二万石を超える程度。自ら大幅な加増を固辞したとされ、謀略、政治闘争を担当した策士である一方で清廉を貫いた。

正純を研究している宇都宮東高校教諭・川田純之《じゅんし》さんは「正純に多くの所領をもらわない方がいいと言い残し、秀忠にも、本多家の存続を考えてもらえるなら、正純に多くの所領を与えなくていいと言った」。

家康死去からほどなく、「友」と呼ばれた正信も生涯を終えた。一方、後ろ盾を失った正純は、譜代の家臣としてはトップクラスの宇都宮一五万石超の所領を得たが、その三年後に幕府内の権力闘争に敗れ、失脚。正信の予言通りとなった。

本多正信肖像（公益財団法人　藩老本多蔵品館所蔵）

［二〇一四年一一月二九日］

◆本多正信〈ほんだ・まさのぶ〉　一五三八〜一六一六年。三河出身。本多俊正の次男。鷹匠《たかじょう》として徳川家康に仕え、一五六三年の三河一向一揆に参加、家康の下を離れた。諸国放浪後、旧知の大久保忠世を通じて徳川家に復帰。家康の参謀として台頭した。所領は相模・玉縄（神奈川県鎌倉市）二万二〇〇〇石。

本多忠純

〝パワハラ武将〟の思わぬ最期

徳川家康の側近であり、宇都宮城主としても名高い本多正純には、二人の弟がいた。政重《まさしげ》と忠純である。

政重の方は多少知名度がある。関ヶ原の戦いでは西軍に属し、父・正信や兄が仕える徳川家に敵対した。いさかい事で徳川家を出奔し、大谷吉継、宇喜多秀家、福島正則、前田利長と、豊臣秀吉の子飼いら豊臣系武将の家を渡り歩いた。さらに関ヶ原の戦い後、敵対関係は解消したとはいえ、徳川家が最も警戒する上杉景勝の重臣・直江兼続の養子に。最後は前田家に戻り、家老となった。徳川譜代の次男坊としてはいささか問題児だったのか。それとも家康の参謀・正信がスパイとして諸大名の事情を探らせていたのか。名の似た叔父（正信の弟）正重《まさしげ》も滝川一益、前田利家、蒲生氏郷と有力武将に仕官、転職を重ねた。

一方、忠純は無名だが、正純が小山藩主だった頃、隣接する榎本藩主となった。旧大

石碑と解説板が設置されている榎本城跡＝栃木市大平町真弓

平町発行の「大平町誌」（昭和五七年）は「豪勇をもって聞こえた」と評している。ただ、政重とは別の意味で問題児だった。江戸からの帰途、栗橋（埼玉県久喜市）で突然家臣に刺殺された。大平町誌は「忠純は非常に短気で、家来に少しの誤りがあってもすぐ手討ちにした」と説明。パワーハラスメントが招いた悲劇だったのか。大平町誌は「忠純の最期については異説もある」と結んでいる。

栃木市大平町榎本やその周辺には宅地や田畑の中に榎本城の土塁、堀の遺構が残る場所があり、城跡碑と解説板もある。

［二〇一四年一一月二〇日］

◆本多忠純〈ほんだ・ただずみ〉　一五八六～一六三一年。徳川家康の参謀・本多正信の三男。榎本藩一万石、後に加増され、二万八〇〇〇石の領主。長男の忠次は早世。政重の次男・政遂《まさもろ》を養子に迎え、藩主を継がせたが、政遂の子は夭折《ようせつ》し断絶した。

奥平家の人々

長篠死守で家康激賞、家運開く

「忠臣蔵」赤穂浪士の討ち入りの三〇年前、一六七二（寛文一二）年、現在の東京・市谷界隈《かいわい》で浄瑠璃坂の仇《あだ》討ちがあった。火消し装束に身を包み、大人数で屋敷に押し入るなど共通点が多い。発端は宇都宮で起きた刃傷事件だ。現場となった興禅寺（宇都宮市今泉）の住職・石川元信さんは「江戸の街では木戸番が夜間の見張りに立っていたが、大名火消しの隊列であれば通行できた。赤穂浪士も参考にしたのでは」と話す。

興禅寺での前藩主・奥平忠昌（一六〇八～一六八年）の法要で、口論から重臣の奥平内蔵允《くらのじょう》が、藩主親族の奥平隼人《はやと》に斬りかかったが、返り討ちにあって負傷し切腹。内蔵允の遺児・源八は四年近く好機を待ち、隼人を討ち果たした。石川さんは「内蔵允は藩政を仕切った有能な家臣で、隼人は後継藩主との関係から次代の実力者。新旧勢力争いとの見方もできる」。奥平氏を支えていたのは有力家臣一二家「七族五老」。互いのプライドがぶつかった事件だった。

奥平家昌によって再興された興禅寺。浄瑠璃坂の仇討ちの原因となる事件も起きた＝宇都宮市今泉

奥平氏は、長篠の戦い（一五七五年）で長篠城を死守。徳川家康はその功績を激賞し、長女・亀姫（加納御前、一五六〇～一六二五年）を奥平信昌（一五五五～一六一五年）に嫁がせた。信昌の長男・家昌（一五七七～一六一四年）は家康の外孫。関ヶ原の戦いでは徳川秀忠に従い、その後、宇都宮一〇万石の大名となる。城下町整備に着手した。

家昌は父母に先立ち病死し、幼い長男・忠昌が藩主を継いだが、国替え。本多正純《まさずみ》が宇都宮藩主となった。だが祖母・加納御前が黙っていなかった。なにしろ将軍・秀忠の姉。正純は程なく失脚。忠昌は宇都宮藩主に返り咲いた。

［二〇一五年一月二四日］

◆奥平氏　三河山間部の小豪族で、今川氏や武田氏を経て徳川氏に臣従。江戸時代は宇都宮藩、豊前・中津藩一〇万石の藩主。

鳥居元忠

伏見城攻防戦で壮絶な最期

カンピョウは栃木の名産の一つ。県の出荷量は全国の九八％を占める。始まりは三〇〇年前、国替えで壬生藩主となった鳥居氏が近江・水口（滋賀県甲賀市）から持ち込み、栽培を奨励したことだという。

「壬生は日光東照宮に参拝する将軍家が宿泊する重要な城。寝首をかかれてはたまらない。絶対に裏切らない大名が治めた」と壬生町立歴史民俗資料館の中野正人さん。壬生城跡は城址公園（同町本丸）となっており、同館も園内にある。鳥居元忠を祭る精忠神社も隣接する。

関ヶ原合戦前、京都・伏見城攻防戦で奮戦した元忠の功績が、鳥居家に対する幕府の信頼の根源だった。徳川家康が豊臣諸将を率いて会津征伐に向かい、上方を離れたすきに石田三成が挙兵。敵をあぶり出す家康の戦略であり、元忠は三成の伏見城明け渡し要請に応じず、一八〇〇人の守備隊で四万人の敵と一三日間戦った。家康のために十分な時間を稼いだ。激戦の末、自害。精忠神社裏には、その時の血染めの畳を埋めた畳塚として大きな石碑が立つ。畳は江戸城伏見櫓に掲げられ、元忠の忠節を顕彰していたが明治維新で撤去。

その後、壬生に移されたという。

鳥居元忠肖像（壬生町・常楽寺蔵、町立歴史民俗資料館提供）

中野さんは「家康が幼少の頃から一緒に育った竹馬の友。最高の教養を身に付けていた。能の演目を書いた手書きの書が残っている。能は地方によって言葉が違うこの時代の共通語にもなる」と話す。文武両道の名将だった。家康にとって、あまりにも惜しい友の壮絶な最期。だが、天下取りへの重要な布石であることを理解し、この役割を果たせる家臣は他にいなかった。

［二〇一五年二月七日］

◆鳥居元忠〈とりい・もとただ〉　一五三九～一六〇〇年。鳥居忠吉の三男で三河・岡崎出身。家康側近として武功をあげ、家康が関東に入ると下総・矢作四万石の領主に。関ヶ原の戦い後、嫡男・忠政は磐城平一〇万石、後に山形二四万石の藩主。

服部半蔵

大田原入城し対上杉情報戦も

東京・半蔵門は、江戸城（現在の皇居）の西側の門「半蔵門」と、地下鉄の同名駅、そして周辺一帯を指す。門前に服部半蔵の屋敷があり、門の警護を担当したことに由来する。服部半蔵といえば時代劇で最も有名な忍者。服部氏当主は代々「半蔵」を名乗り、江戸幕府が開かれた頃は三代目半蔵・服部正就が屋敷の主だった。一般に服部半蔵として知られるのは父・正成《まさしげ》（一五四二～九六年）である。ただ、親子はともに忍者ではない。徳川家康の家臣として忍者を指揮していたが、れっきとした武将だった。正成は徳川十六神将の一人に数えられる有力家臣。伊賀衆、甲賀衆を率いた。本能寺の変（一五八二年）では、堺からの家康脱出行「神君伊賀越え」を仕切った。

小山評定後、上杉勢に備える那須勢の援軍として大田原城、黒羽城に徳川家康の家臣が派遣され、その中に服部半蔵の名もある。正就は大田原城に詰めた。黒羽城二の丸に入った親類の服部保英《やすひで》は伊賀衆一〇〇人、同本丸に入った岡部長盛は甲賀衆一〇〇人を率いた。那須勢に対する監視と、上杉側の事情を探る情報収集を担っていた。正就も父の死後、伊賀衆の指揮を引き継いでいた。同様の役目を担っていたはずだが、大田原城での行動ははっきりしない上、この後は芳しくない。

まっすぐ甲州街道に続く半蔵門＝東京都千代田区

伊賀衆の反発を買って失脚。名誉挽回のため松平忠輝の部隊に属した大坂夏の陣（一六一五年）で戦死した。遺体が見つかってないので正確には行方不明。ロマンを求めるなら、もともと忍者部隊統率者の服部半蔵、死亡ということにして表の世界から姿を消し、裏の仕事に専念した、と思いたい。が、そんな説はないようである。

［二〇一五年二月一四日］

◆服部正就〈はっとり・まさなり〉　一五六五～一六一五年。正成の長男。正就失脚後、半蔵の名は弟の正重が継ぐが、大久保長安事件などで失脚。後に桑名藩に仕える。

結城秀康

将軍たる器、その地位に届かず

関ヶ原の戦いの後、最も加増されたのは関ヶ原に出陣していない結城秀康である。結城（茨城県結城市）一〇万一〇〇〇石から越前・北庄（福井市）六八万石への大出世。それでも、秀康には悲運の武将のイメージがつきまとう。徳川家康の次男でありながら、家康後継の地位は三男・秀忠へ移り、「将軍になる器でありながら、ついにその地位に届かなかった」という評価が定着している。

秀康に将軍への野心はあったのか。結城市の郷土史家・須藤和利さんは「それほどの野心はなかったかもしれないが、身の危険は感じていた」とみる。家康、秀忠から十分警戒されていたことは分かっていた。

養父・豊臣秀吉と実父・家康の名から一字ずつ得ており、当代最強の命名。秀吉の養子とはいえ、実質的には人質だが、ダイナミックな天下取りの戦法を間近で見て育つ。須藤さんは「天下を治めるには個性が強すぎたし、秀康では豊臣亜流政権。家康にしてみれば秀忠の方がコントロールしやすい」。弟・秀忠の治世をどう見ていたのかと同情するが、不穏な動きを見せたことはない。むしろ、丁重に扱いながらも警戒を怠れなかった家康、秀忠の方に複雑な感情があったのではないか。

小山評定後は宇都宮に在陣し、上杉景勝の動きを封じた。関ヶ原に出陣できなかったのは武将として本意ではなかったが、こ

福井県指定文化財「紙本著色結城秀康像」(大宝寺蔵)

れはこれで重要な役目だった。また、景勝は秀康に降伏の使者を送り、関ヶ原の戦いの翌年、秀康に付き添われて家康に拝謁。秀康は上杉家存続を主張した。須藤さんは「義《ぎ》侠心《きょうしん》に厚く、降伏した者を討つのは義にもとると考えた」。秀康の性格をこうみている。

[二〇一五年八月一五日]

◆結城秀康〈ゆうき・ひでやす〉一五七四〜一六〇七年。幼名・於義丸《おぎまる》。秀吉の養子から結城晴朝の養子となった。

松平忠直

幸村倒した猛将、実像見直しを

　大坂夏の陣で華々しく散った真田幸村は、最も人気のある戦国武将だが、その勝者の知名度は高くない。幸村を討ち取ったのは、徳川家康の孫・松平忠直の軍勢である。この戦いで徳川側が挙げた敵将の首一万五〇〇〇のうち忠直軍が三六〇〇以上を挙げた。前年の大坂冬の陣では真田丸攻略に失敗し、家康に叱責されたが、その借りをきっちり返した。

「勲功天下第一」。だが、その恩賞は名刀と茶入れ。徳川秀忠からは掛け軸。名品には違いないが、茨城県結城市の郷土史家・須藤和利さんは「大変な激闘で、犠牲を払って挙げた軍功。これでは家臣に報いることができないと不満が募った」と話す。

　父は家康の次男・結城秀康。三代将軍・徳川家光はいとこにあたる。父同様、本来、将軍であってもおかしくない血筋。だが、武将としての力量を発揮した大坂の陣の後は、病気を理由に参勤交代を怠り、重臣の誅殺など乱行が目立った。ついに一六二三（元和

松平忠直像（浄土寺蔵・大分市歴史資料館提供）

九）年、所領没収。大分に五〇〇〇石の隠居の地が与えられたが、厳しい監視下で晩年を送った。

江戸時代から暴君ぶりが強調され、近現代の文豪によって、さらに拡散された。菊地寛「忠直卿行状記」、海音寺潮五郎「悪人列伝」などだが、須藤さんは「評価を見直した方がいい」と考えている。「何とも悪辣《あくらつ》非道なる人物として描かれたが、それは誰にとって都合が良かったのか考えなくてはならない」

秀忠、家光の強力なライバル。血筋や力量も遜色はない。対抗勢力が担ぐ可能性のある不安定要因として江戸幕府から徹底的に警戒された。実像は故意にゆがめられた可能性が大きい。

［二〇一五年八月二二日］

◆松平忠直〈まつだいら・ただなお〉　一五九五～一六五〇年。結城秀康の長男。松平姓に戻し、結城家は秀康五男・直基《なおもと》が継ぐが、直基も後に松平姓を称する。

松平忠吉

抜け駆け先陣、徳川の戦い誇示

一六〇〇（慶長五）年、上杉景勝を討つため会津に向かう徳川秀忠の軍勢に松平忠吉の姿もあった。父・徳川家康の関東移封《いほう》に伴い、一〇代で忍《おし》（埼玉県行田市）の領主となった若武者にとって、ついに巡ってきた初陣。徳川主力軍の一員として勇んで出陣した。ただ、上杉軍と直接対峙《たいじ》することなく軍勢はUターン。小山評定を経て西へ向かった。

関ヶ原の戦いでは岳父・井伊直政とともに先陣を務めた。先鋒《せんぽう》・福島正則の前に出てあえて抜け駆け。行田市郷土博物館学芸員・沢村怜薫《れいか》さんは「忠吉に戦功を立てさせるためともいわれるが、秀忠が（関ヶ原着陣に）遅れる中、徳川家の存在感を示した」と話す。

この戦功で忠吉は尾張・清洲（愛知県清須市）へ移る。沢村さんは「西国大名、朝廷に対し、ときに壁となり、ときに調停役となることを期待された重要なポスト」と話す。

だが、これからというときに若くして病死。尾張の地は家康九男の義直《よしなお》（一六〇〇～五〇年）が継いだ。尾張徳川家である。忠吉が健在ならば、その家系が御三家の一角を担っていたかもしれない。

忠吉は忍城主となってもしばらく大坂におり、家康の家臣・松平家忠が城

松平忠吉画像（性高院蔵、行田市郷土博物館提供）

代を務めた。「家忠は城普請の名人。石田三成の水攻めに遭い、修復する必要があった」（沢村さん）。忍城はそれまで北条氏に服属していた成田氏の城で、豊臣秀吉の北条征伐では最後まで抵抗した経緯がある。一方、家臣団は家老・小笠原吉次を中心に形成されていく。前城主・成田氏の家臣を含め、在地の武将も多く抱え、そのまま尾張徳川家に仕えた者も多いはずだという。

［二〇一五年八月二九日］

◆松平忠吉〈まつだいら・ただよし〉　一五八〇～一六〇七年。徳川家康の四男。関ヶ原の戦い後は忍一〇万石から尾張・清洲五二万石に。

松平忠輝

七五万石から転落、悲運の御曹司

徳川家康は男一一人、女五人と子だくさんだった。長男・信康は織田信長との同盟時代に自刃しており、小山評定に関係があるのは、次男・結城秀康、後継者である三男・秀忠、四男・忠吉の三人だ。五男・武田信吉は江戸で留守番。六男・忠輝以下は子供で、七男、八男は早世した。九男・義直《よしなお》（尾張）、十男・頼宣《よりのぶ》（紀伊）、十一男・頼房《よりふさ》（水戸）の御三家の祖は生まれてもいなかった。兄弟だが、徳川を名乗るのは将軍家と御三家。ほかは松平姓だ。

忠輝は弟として二代将軍・秀忠を支える役割が期待され、越後・高田藩（新潟県上越市など）の太守となるが、逆に終始警戒されてしまう。まず周辺に伊達政宗、大久保長安と一筋縄ではいかない人物がそろった。長安は死後、不正蓄財と謀反計画が発覚したが、上越市立総合博物館学芸員の花岡公貴さんは「でっち上げだろう。大久保、本多の派閥争いが実像」という。おかげで忠輝謀反の噂《うわさ》は多くの人の口の端に上ったが、「積極的に否定している様子がない。周囲の噂にも無頓着なタイプだった」と花岡さん。関与していない謀反の弁解なんて潔くないとの思いはあったろうが、御曹司の甘さは付けいるすきを与えた。大坂夏の陣での曖昧な行動が致命傷になった。

隆慶一郎の小説『捨て童子松平忠輝』で作られたイメージは家康に愛されなかった鬼っ子。剣術に優れ、将たる器でありながら悲運の生涯を送った。それでも多面的で魅力的な人物像は地元で愛されている。昨年は高田城開城を顕彰する「高田開府四〇〇年」のプロジェクトが上越市で展開された。

［二〇一五年九月五日］

松平忠輝画像（模写、上越市立総合博物館蔵）

◆松平忠輝〈まつだいら・ただてる〉 一五九二～一六八三年。妻は伊達政宗の娘・五郎八《いろは》姫。信濃・川中島一二万石から越後・高田を合わせた七五万石に。一六一六年の改易《かいえき》で二〇代で表舞台から退場。幽閉先の諏訪で死去したときは九二歳だった。

満天姫

規格外の関ヶ原合戦図屏風

関ヶ原の戦いは、多くの屏風絵《びょうぶえ》に描かれているが、津軽家に残されていた「関ヶ原合戦図屏風」（大阪歴史博物館蔵）が最古とされる。「津軽屏風」とも呼ばれ、表具を入れると高さ二㍍《メートル》超。合戦図を研究している茨城大の高橋修教授は「規格外れ、圧倒的に大きい」という。

徳川家康の愛蔵品だったが、養女・満天姫が再婚先の津軽家に持参したいと懇願。家康は「これだけはやれぬ。ほかの物ならば何でもやるが」。それでも泣いてせがまれ、家康が折れた。そんな逸話が残る。

姫は元夫・福島正之《まさゆき》が活躍した関ヶ原の戦いに思いをはせた。福島正則の養子・正之との婚姻は関ヶ原の戦いの原因となる政治的事件。有力大名の家が結びつくことを警戒した石田三成との対立は深まった。

作品自体の政治色も強い。作者は不明だが、大きさに加え、金箔《きんぱく》も多用しており、最高ランクの絵師に描かせたはず。それなのに家康以外の人物は通り一遍の顔で誰が誰だか分からない。家康の存在を際立たせ、活躍した豊臣恩顧の武将は「その他大勢」と位置付ける。高橋教授は「家康の戦争だったことを納得させ、諸大名をだまらせる目的があった。視覚的効果は大きい」と指摘する。

「関ヶ原合戦図屏風」（八曲一双）右隻第五、六扇（大阪歴史博物館蔵）

屏風絵は六面で一場面をなし、それが一対になった「六曲一双」が一般的だが、津軽屏風は、家康の美濃赤坂着陣の合戦前夜と合戦決着の場面による「八曲一双」。高橋教授はこれが第一、第三の場面で、失われた場面として、関ヶ原布陣と合戦直後の三成の居城・佐和山攻めがあったとみる。本来は「八曲二双」だった。家康が手放さなかった第二、第四の場面は今、行方不明である。

［二〇一五年一〇月二四日］

◆満天姫〈まてひめ〉　一五八九？～一六三八年。徳川家康の弟、松平康元の娘で、伯父・家康の養女として福島正之に嫁ぐ。後に離別し、津軽信枚《のぶひら》と再婚。

徳川秀忠

主力部隊率いながら関ヶ原遅参

偉大な父・徳川家康と比較され、凡庸の評価が定着している二代目。将軍になれなかった兄・結城秀康のように才気が目立つタイプでもなく、特に、関ヶ原の戦いでは、徳川主力部隊を率いて中山道を西へ向かったが、開戦に間に合わなかった。関ヶ原への遅参は、恐らくトラウマになったと思われる大失態である。

真田昌幸をひとひねりと甘くみていたら手痛い目に遭った。木曽川増水など不運な面もあるが、真田攻めに時間がかかったのが遅参の主要因である。素通りしてもよかった上田城（長野県上田市）を血気にはやって攻めたと解釈されるが、笠谷和比古《かずひこ》・国際日本文化研究センター名誉教授は『関ヶ原合戦と大坂の陣』（吉川弘文館）で「上田城攻略は小山評定で策定された既定の作戦で、秀忠の巧名心によるものではない。中山道を進攻する秀忠部隊の主要任務は真田勢制圧であり、家康の指令だった」と説く。途中、進軍を急ぐよう家康の指示が変わったという。

徳川秀忠像（東京大学史料編纂所所蔵模写）

確かに、真田勢をそのままにしても何もいいことはない。背後の警戒が必要となるだけだ。兵力の差は歴然だから正攻法で攻めればよい。家康もそう考えた。だが、あくまで三成との戦いを有利にする一手段。「臨機応変にやればいいものを、これほど融通が利かないとは……」。秀忠を叱責したいが、迂《う》闊《かつ》だった自分にも腹を立て、遅参した秀忠との面会を数日遅らせた。

武将としての評価を落とし、後継問題にけちがついた。だが、武勇は目立たないが、成立したばかりの江戸幕府を守り育てる難しさをこなした力量は見直されている。

［二〇一五年一一月二一日］

◆徳川秀忠〈とくがわ・ひでただ〉　一五七九～一六三二年。母は家康側室の西郷局。正室・江《ごう》（小督《おごう》、江与《えよ》）は浅井長政の三女で、淀殿の妹。江戸幕府二代征夷大将軍。在位一六〇五～二三年。

天海

家康の神号決めた黒衣の宰相

小山評定参加武将の紹介はいよいよ徳川家康を残すのみとなった。その前に、武将ではないが、家康の陰にいた気になる人物に触れる。

天海大僧正《だいそうじょう》と家康の関係が史料に見られるのは江戸幕府成立後だが、関ヶ原合戦図屏風《びょうぶ》には「南光坊」と記してあるものもある。絵が描かれた時代の情勢が反映されているので、関ヶ原に随行した証拠にはならないが、家康のブレーン、政治顧問として台頭してきたのは関ヶ原の戦いの前後とされ、ついには「黒衣の宰相」と呼ばれる影響力を持つ。

家康の神号論争では、金地院崇伝《こんちいんすうでん》らの「大明神」とする意見と対立、「東照大権現」を主張、押し通した。日光東照宮繁栄の礎であり、「日光再興の恩人」。今年は家康四〇〇回忌、東照宮四〇〇年式年大祭の年だったので、そのことをしみじみと感じさせた。

その正体は明智光秀なので、武将ではないとしたのは適切ではなかったか。学術的に

神橋のたもとにある天海の銅像は昭和51年に建立された＝日光市上鉢石町

は根拠のない俗説だが……。それでも明智平（日光市細尾町）には地名の由来として「天海＝光秀」説が堂々と紹介されているし、その絶景に妄想が広がる。本能寺の変で織田信長を倒した後、光秀は豊臣秀吉との決戦を迎える。味方になると思っていた筒井順慶《じゅんけい》が現れない。「洞が峠の日和見」として順慶が峠で戦況を見守ったという話は誤りである。峠の上で筒井軍の到着を待っていたのは光秀だ。明智平から眼下を見下ろした天海は、その時を思い出した。「おのれ順慶。まだ来ぬか」。強い怨念とともに自分が明智光秀だったことを思い出した。

［二〇一五年一一月二八日］

◆南光坊天海〈なんこうぼう・てんかい〉　一五三六？〜一六四三年。青年期、今の県庁付近にあった粉河寺《こかわでら》で天台宗を学び、その後、延暦寺や興福寺などで修行。家康、秀忠、家光の三代の将軍に仕えた。一〇〇歳を超す長寿だが、生年に定説はなく、前半生は不明な部分も多い。

閑室元佶

関ヶ原開戦日決めた軍配者

関ヶ原の戦いは、一六〇〇（慶長五）年九月一五日に行われた。その開戦日決定に関わったのが、軍師として徳川家康に従っていた足利学校第九世庠主《しょうしゅ》（校長）・閑室元佶だ。軍師といっても作戦参謀というより、古いタイプの「軍配者」。占いで合戦にふさわしい吉日を選ぶ。

もちろん戦闘の機運や状況に応じて開戦するわけで、織田信長は無神論者、宗教破壊論者だから占いを信じなかったろうし、豊臣秀吉は中国大返しで「一度出たら二度と戻れない悪日」と言われ、「ちっぽけなこの城に戻るつもりはないから好都合」と出陣した逸話がある。徳川家康は験《げん》を担ぐタイプ。もう少しまじめに吉凶を占う軍師の声を聞いた。

足利学校（足利市昌平町）は軍師養成機関でもある。「学校由来記」によると、この頃、元佶は「出陣の都度、戦いの日取の吉凶を占った」。

史跡足利学校事務所研究員の市橋一郎さんは「北条氏は学校を保護したが、その滅亡後、秀吉のおい・秀次が貴重な書籍を持ち帰ってしまった」と話す。秀次は学問に関心を示し権力ずくで書籍を収集。その後、秀次切腹の際、家康の取りなしで書籍は散逸せず、学校に戻された。恩義を感じた元佶は家康に従い、関ヶ原の戦いにも随行。丸に「學」

史跡足利学校の象徴「学校門」＝足利市昌平町

の字の馬印をもらったという。

「足利学校の占いはよく当たる」と、歴代庠主は正月、その年の運勢「年筮《ねんぜい》」を江戸城に届けた。その吉例は関ヶ原にあった。幕府の庇護《ひご》を受け、一〇〇石の朱印地を得た。方丈には歴代将軍の位牌《いはい》が並ぶ。だが、朱子学の隆盛とともに足利学校は衰退した。学問と権力の距離は難しい。

［二〇一五年一二月五日］

◆閑室元佶〈かんしつ・げんきつ〉　一五四八～一六一二年。肥前出身、臨済宗の僧。家康が京都・伏見に建立した円光寺で初期の活字本「伏見版」の印刷を手がけた。近畿地方の寺院統制、外交文書作成にも活躍。

板坂卜斎

慌ただしさ活写した「慶長記」

「小山評定はなかった」。最近の研究でも小山評定をフィクションとする意見は根強い。連載も次回で最終回を迎えるのに、この期に及んで「あったか、なかったか」を論ずるのも妙ではあるが、小山評定を検証する上で重要であり、虚構説の白峰旬・別府大教授と実在説の本多隆成・静岡大名誉教授の論戦などホットな話題もある。虚構説では、小山評定は江戸時代の史料に少なく、時代を経て書物に登場することから、創作された話が徐々にドラマチックに肉付けされていったとの見方だ。

小山市立博物館学芸員・尾上仁美さんによると、多紀《たき》安長の「日光駅程見聞雑記」（一八四三年）にある「世に傳《つた》ハる小山御評定」の一文など言葉として史料に出てくるのは江戸時代後期。ただ、状況が見える古い史料として、徳川家康の侍医・板坂卜斎の「慶長記」がある。その場にいた人物が、「大将衆」は残らず小山に来て「小山古城の内に」造らせた「三間（五メートル）四方」の「かりの御殿」の広間に集まったと書いている。やり一本抱え、供の者一〇人程度、馬印一つで駆けつけた諸将に食事も薄茶も出なかった。「日付など記憶に不正確なところもあるが、バタバタした様子が書かれている」

小山評定前後の家康や諸将の書状からも、会津攻め中止や軍勢反転の様子が分かる。虚構説には「家康の指示で諸将が動き、軍議は開かれていない」との主張もある。だが、尾上さんは「家康は豊臣家の家臣である諸将を率いていた。一同を集めて会議の形を取らないと方針転換はできなかった」と指摘する。小山で軍議は開かれたとする説が有力。それが「小山評定」である。

［二〇一五年一二月一二日］

小山御殿復元図（河東義之氏監修、小山市教育委員会提供）

◆板坂卜斎〈いたざか・ぼくさい〉　一五七八～一六五五年。名は宗高。家康や秀忠、紀伊藩主・頼宣に仕えた。父・初代卜斎（宗商）は天正年間に家康に仕えた医師。

徳川家康

天下人への第一歩「開運の地」

小山評定で徳川家康は多くの味方を得ることができた。本来、家臣ではない多くの豊臣諸将が家康に従うことを宣言した。すり替えのマジックで一気に東軍が形成され、関ヶ原の戦いに向かう。戦国最大の作戦会議が家康を天下人に押し上げた。

一六〇〇（慶長五）年、上杉征伐のため会津に向かっていた家康は七月二四日、小山に着陣。重臣・鳥居元忠から石田三成が伏見城を攻撃したとの知らせが届いた。家康はこれを待っていた。会津遠征で上方を留守にして敵をあぶり出す狙いだった。

翌二五日の小山評定では、上杉征伐続行か、三成討伐へ西に引き返すかが議題となる。このとき、家康は誰もが認める最大実力者で遠征軍を指揮していた。だが、あくまで能力に見合った役割。諸将とは主君と家臣の関係ではない。大小の差はあっても大名としては対等。この作戦を離れれば、諸将は家康の命令に従う立場ではない。それが小山評定で進んで家康の指揮下に入った。「忠誠を誓う」とまで言った。

関ヶ原の戦いを経て江戸幕府成立はその三年後。慎重に手順を踏んで政権交代を進めたが、家康にとって縁の薄い小山がその第一歩であり、「開運の地」となった。神として祭られた日光にも生前、特別のゆかりはない。死後は北から江戸を見守る形を取り、政権の安定と平和を願った。戦乱に明け暮れた戦国時代から一変、二六〇年とかなり長期間、戦乱のない時代を築いた。

徳川家康像（栃木県立博物館蔵）

日光東照宮四〇〇年式年大祭の今年、家康の遺徳が改めて強調された一年だった。

［二〇一五年一二月一九日］

◆徳川家康〈とくがわ・いえやす〉　一五四二～一六一六年。幼名・竹千代。もとは松平元康と名乗った。父は岡崎城主・松平広忠。母は於大《おだい》の方。今川氏や織田氏の人質も経験。今川義元に従い、その後、織田信長と同盟。豊臣政権では五大老筆頭。江戸幕府初代征夷大将軍。在位一六〇三～〇五年。

参考文献

『小山評定武将列伝』（小山市）小山市
『戦争の日本史17　関ヶ原合戦と大坂の陣』（笠谷和比古）吉川弘文館
『シリーズ中世　関東武士の研究　第四巻　下野宇都宮氏』（江田郁夫編著）戎光祥出版
『シリーズ中世　関東武士の研究　第六巻　下野小山氏』（松本一夫編著）戎光祥出版
『中世宇都宮氏の世界　下野・豊前・伊予の時空を翔る』（市村高男編著）彩流社
『戦国関東名将列伝』（島遼伍）随想舎
『人物でみる栃木の歴史』（栃木県歴史文化研究会編）随想舎
『続下野の武将たち』（毎日新聞宇都宮支局編）落合書店
『新・宇都宮釣天井』（徳田浩淳）文化新報社
『宇都宮の歴史』（徳田浩淳）落合書店
『新版県史シリーズ9　栃木県の歴史』（阿部昭・橋本澄朗・千田孝明・大嶽浩良）山川出版社
『下野の中世を旅する』（江田郁夫）随想舎

『うつのみや歴史探訪―史跡案内九十九景―』（塙静夫）随想舎
『全国国衆ガイド　戦国の〝地元の殿様〟たち』（大石泰史編）星海社
『戦国武将の「リストラ」逆転物語』（エディターズ・キャンプ、濱田浩一郎監修）エクスナレッジ
『戦国武将の履歴書　時代劇ではわからない意外な過去』（クリエイティブ・スイート）宝島社
『北の関ヶ原合戦』（中田正光・三池純正）洋泉社
『大平町誌』（大平町教育委員会）大平町
『栃木市史　史料編近世』
『益子町史　第6巻　近世』

企画展図録

「小山評定と関ヶ原合戦」（尾上仁美編集）小山市立博物館
「近世大名那須氏の成立―資胤・資晴・資景・資重・資弥の軌跡―」（大田原市那須与一伝承館）大田原市那須与一伝承館

「交代寄合那須氏・福原氏と大田原」（大田原市那須与一伝承館）大田原市那須与一伝承館

「那須与一と『那須家資料』の世界」（大田原市那須与一伝承館）大田原市那須与一伝承館

「大田原氏と大田原藩」（大田原市那須与一伝承館）大田原市那須与一伝承館

「勝山城～氏家氏　栄光の時代～」（現さくら市ミュージアム―荒井寛方記念館―）さくら市ミュージアム―荒井寛方記念館―

「喜連川御城下～そのくらしと文化～」（さくら市ミュージアム―荒井寛方記念館―）さくら市ミュージアム―荒井寛方記念館―

「最上記　現代語訳付原文」（片桐繁雄）財団法人山形市文化振興事業団最上義光歴史館

小山評定関連年表

一五九〇（天正一八）	三月、豊臣秀吉、小田原攻めのため京都を出発 七月、小田原城落城 七月二六日、秀吉が宇都宮着陣。東北へ向かい、九月に京都に戻るまで、宇都宮仕置きとして、小山秀綱、那須資晴らの所領没収
一五九七（慶長二）	一〇月七日、宇都宮国綱が所領没収処分を言い渡される
一五九八（慶長三）	八月一八日、豊臣秀吉、伏見城で死去 一〇月、朝鮮出兵の武将に撤退命令。一二月、撤退完了
一五九九（慶長四）	一月、徳川家康が福島正則、伊達政宗、黒田長政らと許可なく婚姻を結んだとして、前田利家らが家康を詰問。その後、三中老（堀尾吉晴、生駒親正、中村一氏）が仲裁し、家康と利家が和解。 三月、家康が大坂に赴き、病気の利家を見舞う 閏三月三日、利家が大坂で死去。翌四日、加藤清正ら武断派七将が石田三成を急襲。三成は伏見に逃れ、その後、家康が七将を説得。三成は近江佐和山城に蟄居

一六〇〇（慶長五）	八月、前田利長が加賀へ、上杉景勝が会津へ帰国 九月、家康が大坂城西の丸に入る 一二月、利長に家康暗殺の疑いがあるとして加賀征伐が準備されたが利長が弁解。加賀征伐は中止 二月、越後・堀秀治が上杉家に不審な動きありと家康に連絡 三月、山形・最上義光が上杉家に不審な動きありと家康に連絡 上杉家臣、藤田信吉が直江兼続と対立。信吉は上杉家を出奔 四月、家康、直江兼続に書状を送り、上杉景勝の上洛・陳謝を要求。兼続は返書で景勝上洛を拒絶（直江状） 五月三日、家康が会津征伐を号令。諸将に出兵を求める 五月七日、豊臣政権五奉行、三中老が家康に会津征伐中止を要請 家康が前田利長と和睦。人質として芳春院（利家の妻）が江戸へ 六月、大坂城西の丸で会津征伐を決議 六月一六日、家康が大坂城出発。江戸へ向かう 六月二九日、家康が鎌倉・鶴岡八幡宮で戦勝祈願 七月二日、家康が江戸城に入る

七月八日、榊原康政が先鋒として会津征伐へ出陣

石田三成と大谷吉継の佐和山城の会談後、増田長盛、安国寺恵瓊を加え挙兵計画。毛利輝元が西軍総大将として大坂城に入る

増田長盛、長束正家、前田玄以が「内府違いの条々」

鳥居元忠守る伏見城を西軍が攻撃。三成は佐和山から伏見に

七月二一日、家康、江戸を出発

七月二四日、家康、小山に着陣。鳥居元忠から西軍挙兵の連絡

七月二五日、小山評定

八月一日、伏見城落城。鳥居元忠自刃

八月四日、家康が小山を発ち、江戸へ向かう。五日、江戸に帰着

八月二四日、徳川秀忠が宇都宮を出発。中山道から信濃へ向かう

九月一日、家康、江戸を出発。美濃へ向かう

九月二日、秀忠、信濃・小諸城に到着。真田昌幸が降伏を拒絶し、第二次上田城合戦。一〇日、秀忠は上田城攻めを断念

九月一四日、家康、岐阜を発ち、美濃赤坂へ。夜、西軍が大垣城から関ヶ原へ移動。東軍も関ヶ原へ。家康は桃配山に本陣を置く

	九月一五日、関ヶ原の戦い
	九月一七日、東軍が三成居城・佐和山城を攻撃、落城
	九月二一日、田中吉政が伊吹山中で三成を捕らえる
	一〇月一日、京都・六条河原で三成、小西行長、安国寺恵瓊の処刑
一六〇一（慶長六）	七月、上杉景勝、直江兼続が上洛、家康に謝罪
一六〇三（慶長八）	二月、家康に征夷大将軍が宣下される
一六一四（慶長一九）	大坂冬の陣
一六一五（慶長二〇）	大坂夏の陣
一六一六（元和二）	四月一七日、家康が駿府城で死去。久能山にまつられる
	一一月、日光で社殿造営始まる
一六一七（元和三）	三月、日光東照社（後の日光東照宮）完成
	三月一五日、家康の御霊、久能山出発。四月四日、日光に到着

※「小山評定と関ヶ原合戦」（企画展図録、小山市立博物館）、『栃木県の歴史』など参照

あとがき

小山評定に参加した武将を中心に地元栃木県の戦国時代の面白さを掘り下げようと、二〇一三年四月から二〇一五年一二月まで二年九カ月にわたり、産経新聞栃木版で連載したコラムが「小山評定の群像」である。連載は一〇〇回に及んだ。

戦国時代のクライマックス、関ヶ原の戦いへの流れを作り、徳川家康の天下取りを決定付けた軍議は、それぞれの思惑が交錯し、多士済々の人物が登場する。地元・小山市が書籍発行やイベントでアピールしており、地域の自慢を発信する現代的な意味もある。そう思って始めてみたが、奥が深く、これまでの勉強不足を痛感した。

小山評定に参加したのは二八将とされる。東軍で一〇万石以上有していたのが二八人。一万石、数万石ではこの会議に列席できなかった。会場が狭かったのである。小山評定に関する史料は全て後付けだが、家康に従っていた医師、板坂卜斎の「慶長記」は実際に現場にいた人物の回想で、「三間四方」の広間だったとしている。

ただ、連載は二八将で終わらなかった。敵対する西軍武将の動きに対応して小山評定が開かれるわけだし、佐野の地まで来て引き返した真田親子の動きも面白い。また、親兄弟が東西に分かれて敵味方となった例は真田氏以外にもある。さらに地元諸将はこのとき何をしていたのか。さまざまなテーマで当初の想定を超える連載となった。

取材は、各将の肖像画などゆかりがある地域を中心に博物館、郷土資料館の学芸員の方々にお世話になった。中でも、那須与一伝承館学芸員の前川辰徳さんには那須七騎をはじめ県内武将を紹介するきっかけを作っていただいた。面白く分かりやすく解説していただき、それまで手探り状態だった県内武将に関する取材のモチベーションが一気に高まった。小山評定には参加していないが、那須諸将は対上杉防衛ラインを形勢、西に石田三成と対峙する家康にとって重要な役割があった。

栃木県立博物館学芸部長の江田郁夫さんにも宇都宮氏をはじめ県内諸将の動向について何度も取材させていただいた。最近、宇都宮氏重臣、益子氏についての新説を発表されているが、連載では構想段階において紹介する幸運にも恵まれた。県内諸将が、ダイナミックな動きの中にいたことをうかがわせる事例でもある。

そして、刊行までには、随想舎の石川栄介さんをはじめ同社スタッフの方々にお世話になった。丁寧にご指導いただき、さらに大幅な入稿遅れでご迷惑ばかりおかけした。出版に至り、厚く感謝したい。

産経新聞社宇都宮支局・水野拓昌

小山評定の群像　関ヶ原を戦った武将たち

2016年5月26日　第1刷発行

編　者● 産経新聞社宇都宮支局

〒320-0027　栃木県宇都宮市塙田1−3−9
TEL　028-621-3611　FAX　028-650-1559

発　行● 有限会社 随 想 舎

〒320-0033　栃木県宇都宮市本町10−3 TSビル
TEL　028-616-6605　FAX　028-616-6607
振替　00360 - 0 - 36984
URL　http://www.zuisousha.co.jp/
E-Mail　info@zuisousha.co.jp

印　刷● モリモト印刷株式会社

装丁● 塚原 英雄

定価はカバーに表示してあります／乱丁・落丁はお取りかえいたします

 ISBN978-4-88748-322-4